EXPOSITION UNIVERSELLE DE 1867
A PARIS

RAPPORTS DU JURY INTERNATIONAL

PUBLIÉS SOUS LA DIRECTION

DE M. MICHEL CHEVALIER

FAIENCES FINES
FAIENCES DÉCORATIVES
ET
PORCELAINES TENDRES

PAR

M. AIMÉ GIRARD.

PARIS
IMPRIMERIE ET LIBRAIRIE ADMINISTRATIVES DE PAUL DUPONT
45, RUE DE GRENELLE-SAINT-HONORÉ, 45

1867

FAIENCES FINES

FAIENCES DÉCORATIVES

ET

PORCELAINES TENDRES

Par M. AIMÉ GIRARD.

CHAPITRE I.

FAÏENCES FINES.

§ 1. — Considérations préliminaires.

Sous les noms de *porcelaine opaque*, d'*opaque*, de *demi-porcelaine*, de *cailloutage*, de *lithocérame*, de *granit*, de *china*, on désigne, en France, les variétés plus ou moins belles d'une poterie à laquelle appartient et convient seul le nom de *faïence fine*. Les Anglais ont également pour ce produit des noms très-variés ; ils l'appellent : *earthenware*, *flint-ware*, *iron-stone*, *wedgwood*, *white-glaze*, *white-granit; cream-colour*, *pearl-glaze*, etc.; pour les Allemands, c'est le *steingut*, le *hartsteingut*, le *feine faience*, le *weiss granit;* pour les Suédois, c'est la *porslin aökta* (fausse porcelaine); pour les Italiens, la *terraglia;* pour les Espagnols, la *loza fina;* pour les Portugais, la *louça vidrada*.

Quelque nombreux et généralement impropres que soient ces différents noms, ils ne s'en appliquent pas moins à un produit unique, dont les qualités peuvent varier en intensité, mais sont cependant assez faciles à préciser pour faire de ce produit une individualité définie.

La faïence fine, en effet, se distingue aisément de toutes les autres sortes de poteries.

Elle diffère de la faïence commune en ce que sa pâte est blanche, ou à peine jaunâtre, en ce que sa couverte est transparente et laisse voir la pâte qu'elle recouvre, tandis que celle de la faïence commune est opacifiée par l'oxyde d'étain, et cache sous un émail laiteux la coloration du subjectile; à ce double caractère, il faut ajouter que la couverte de la faïence fine est d'une grande dureté et ne se laisse entamer par l'acier que sous l'action d'une pression considérable.

Elle diffère de la porcelaine dure ou tendre en ce que sa pâte est opaque et non translucide, poreuse et non vitrifiée à demi; en ce que, encore, sa couverte ne forme pas, comme celle de la porcelaine, une combinaison intime avec la pâte céramique qu'elle protége.

La faïence fine est aujourd'hui, après les faïences communes que fabriquent tous les peuples, après les terres cuites destinées à l'art des constructions, le produit céramique le plus important de l'Europe sous le rapport non-seulement du nombre, mais encore de la valeur des objets fabriqués : cette valeur atteint près de 80 millions de francs.

Considérée au point de vue industriel, la faïence fine est un produit moderne ; c'est à la fin du siècle dernier qu'on la voit naître en Angleterre; c'est en 1825 seulement que la France en tente la fabrication. Mais longtemps avant cette époque, la faïence fine avait fait, dans le domaine de l'art, une apparition éphémère et dont le temps n'a épargné que quelques rares témoins. Les belles poteries connues sous le nom de faïences de Henri II ne sont autres, en effet, que des faïences fines, à couverte transparente et semblables de tous points aux premiers produits sortis deux cents ans plus tard des fabriques anglaises. Cependant, ce n'est point de ces poteries que les céramistes de l'Angleterre se sont inspirés pour créer la faïence moderne; ils ne les connaissaient pas, et aucune tradition n'avait pu leur en transmettre la composition. Au milieu du XVIe siècle, le Poitou avait vu prospérer, pendant quelques années peut-être, la fabrication de ces produits; puis, tout d'un coup, fabricants et fabrication avaient disparu, sans laisser aux temps modernes d'autres traces de leur passage que les cinquante et quelques pièces qui sont parvenues jusqu'à nous.

La création de la faïence anglaise est l'œuvre d'Atsbury et de Wedgwood; le premier vers 1730 découvrait le moyen d'éteindre la coloration ocreuse de l'argile plastique en additionnant cette terre de silex blanchi par la calcination. Le second, trente-trois ans plus tard (1763), complétait cette découverte en remplaçant le vernis éminemment plombeux des poteries d'Atsbury par des glaçures analogues à celles des terres de pipe françaises.

Entre les mains habiles de Wedgwood, la faïence fine se perfectionna rapidement; et, dès le commencement de ce siècle, les travaux de l'illustre potier d'Etruria avaient mis l'Angleterre en possession des méthodes qui devaient bientôt lui permettre de répandre dans le monde entier les produits de son industrie céramique.

Ces produits étaient à peine connus en France lorsque, en 1824, M. de Saint-Amand, que plusieurs voyages en Angleterre avaient mis à même d'en apprécier les qualités éminentes, entreprit d'en importer la fabrication dans notre pays. Après s'être assuré la priorité de la tentative par un brevet d'importation pour *appliquer aux matières indigènes les procédés de fabrication des poteries anglaises*, M. de Saint-Amand chercha les moyens de réaliser industriellement ses projets; mais des difficultés privées l'arrêtèrent dès le début, et ses efforts seraient sans doute restés stériles si, appréciant toute la portée de l'entreprise, Brongniart, à cette époque directeur de la manufacture de Sèvres, n'eût mis généreusement à la disposition de M. de Saint-Amand, un atelier, un four, des moules et une collection des terres argileuses de la France, collection dont Chaptal avait, lors de son ministère, ordonné et surveillé la formation. Ainsi soutenu dans sa marche, M. de Saint-Amand ne tarda pas à rencontrer le succès, et dès 1827, les sociétés savantes appelées à juger ses produits, proclamaient que le problème de la fabrication de la faïence fine en France était résolu. Les principales manufactures de terres de pipe françaises comprirent immédiatement l'importance de ce résultat, et dès 1828, elles abordaient résolument la fabrication de la faïence fine.

Ces poteries étaient alors d'un prix élevé et de beaucoup supérieur au prix des produits similaires anglais. En 1835, la douzaine d'assiettes blanches, qui vaut aujourd'hui 1 fr. 50, ne se vendait pas moins de 3 fr. 50 à 5 francs. Mais cet état de choses ne devait pas durer; fabricants et consommateurs devaient rapidement comprendre à quel besoin répondait la fabrication nouvelle : remplacer la poterie commune pour le service de la table et de la toilette, tel devait être son rôle. Ce rôle, elle ne tarda pas à le remplir, et de 1835 à 1855 on vit les manufactures françaises, qui les premières avaient tenté la fabrication de la faïence fine, s'élever progressivement, tandis que, à côté d'elles, naissaient ou se transformaient d'autres établissements.

L'Exposition de 1855 eut, au point de vue du produit qui nous occupe, une importance capitale; pour la première fois, la nouvelle poterie française allait se mesurer avec l'ancienne poterie anglaise; la lutte, hâtons-nous de le dire, ne devait pas être au désavantage de la France, et les fabricants anglais reconnurent eux-mêmes l'excellente qualité des faïences de notre pays.

Douze années se sont écoulées depuis ce concours. Pendant ces douze années, les choses ont encore changé d'aspect; rivaux des fabricants anglais en 1855, les faïenciers français leur sont aujourd'hui supérieurs dans plus d'un cas; et l'examen impartial des produits apportés à l'Exposition universelle de 1867 nous fournira la preuve éclatante de cette supériorité.

La France n'est pas seule, du reste, à lutter avec l'Angleterre pour la fabrication des faïences fines; en Prusse, en Belgique, en Suède, en Hollande, des manufactures importantes se sont élevées en même temps que les manufactures françaises et apportent aujourd'hui sur les marchés de l'Europe et de l'Amérique des produits égaux et quelquefois même supérieurs aux produits anglais.

La faïence fine n'est plus ce qu'elle était autrefois; en même temps que son prix s'est abaissé dans une large proportion, sa qualité s'est considérablement améliorée; mais, avant d'aborder l'étude des nombreux perfectionnements auxquels est due cette amélioration, il ne sera peut-être pas inutile de rappeler rapidement les procédés généraux dont l'industrie fait usage pour produire cette sorte de poterie.

L'argile plastique est l'élément principal de la pâte de faïence fine; c'est elle qui en permet le façonnage rapide; mais cette argile ne cuit pas toujours blanc; pour parer à ce grave défaut, on l'additionne de silex broyé finement qui, en même temps, la blanchit et la dégraisse; quelquefois on ajoute à ce silex du kaolin et du feldspath; la pâte se rapproche alors de la pâte de porcelaine, et les plus beaux produits sont obtenus par ce moyen.

Façonnée ensuite par des procédés rapides et économiques, la pâte, devenue pièce de platerie ou pièce de creux, est passée au four une première fois; elle est cuite en biscuit. Sur ce biscuit, s'il s'agit d'obtenir un produit en blanc; on pose par immersion une couverte fusible, qu'il faut ensuite vitrifier en passant une deuxième fois la pièce au four; elle est alors cuite en émail. Mais s'il s'agit d'avoir des pièces décorées par impression, il faut d'abord poser sur le biscuit, à l'aide d'une feuille de papier tirée en taille douce, la gravure que l'on veut reproduire, enlever cette feuille de papier par un lavage à l'eau, passer la pièce au feu de moufle, pour volatiliser les essences qui ont servi à délayer la couleur, mettre enfin en couverte et passer au feu d'émail comme précédemment.

Telles sont les manipulations compliquées que doit subir la faïence fine pour passer de l'état de terre à l'état de produit manufacturé.

§ 2. — Organisation industrielle des manufactures de faïences fines en Europe.

Angleterre. — On ne saurait être surpris de trouver l'Angleterre au premier rang des pays producteurs de faïences fines. Elle a créé la fabrication de cette poterie ; longtemps elle en a gardé le monopole, et l'habileté industrielle de ses potiers ne s'est jamais démentie. Aussi, depuis le commencement de ce siècle, sa production n'a-t-elle point cessé de s'accroître ; on l'estime aujourd'hui à près de 55 millions de francs ; ce chiffre représente les trois quarts de la production européenne. Une faible partie seulement de ces poteries est destinée à l'Angleterre, la majeure partie, estimée à 35 ou 40 millions de francs, est livrée à l'exportation. Les États-Unis, le Brésil, les Indes, l'Australie, etc., en sont les principaux consommateurs, et la France elle-même, malgré la perfection actuelle de sa fabrication, demande encore à l'Angleterre pour 800,000 francs environ de faïences fines chaque année.

C'est dans un petit nombre de grandes manufactures, dans un nombre beaucoup plus considérable de petites fabriques qu'a lieu cette énorme production. Grands et petits, tous ces établissements, au nombre de 200 environ, se trouvent groupés, se touchant presque les uns les autres, au centre de l'Angleterre, dans un district du Staffordshire dont l'étendue ne dépasse pas 4 à 5 lieues carrées. Ce district n'avait autrefois aucune importance ; à la fin du siècle dernier, on y trouvait à peine 6,000 habitants ; il en avait 31,000 en 1810 ; on en compte 125,000 aujourd'hui. Sur ce nombre, 30,000 personnes, dont

10,000 femmes, sont directement employées à la fabrication des faïences fines et de la porcelaine tendre.

Plusieurs villes s'y rencontrent, Burslem, Stoke-on-Trent, Longton, Newcastle-under-Tyne, etc., qui comptent 15 et même 20,000 habitants. En tête des grands établissements que ces villes renferment se place la célèbre manufacture de MM. Minton, à Stocke-on-Trent; 1,500 à 1,600 ouvriers y travaillent journellement à la production de la faïence fine et de la porcelaine tendre; de toutes les usines céramiques de l'Angleterre, elle est la plus considérable, et c'est seulement sur le continent que nous en retrouverons d'aussi importantes. A côté de la manufacture de MM. Minton s'en placent quelques autres dans lesquelles le nombre des ouvriers varie de 600 à 400; telles sont celles de MM. Copeland, Ridgway, Wedgwood, Pinder-Bourne, Jones, Brownfield, etc.; mais bientôt ce chiffre s'abaisse et l'on ne trouve plus que ces petites fabriques, au nombre de plus de 150, qui emploient une centaine de personnes au plus et souvent descendent jusqu'à 30 ou 20 ouvriers.

Parmi ces fabriques, les plus considérables seulement s'astreignent à poursuivre la série complète des opérations successives qu'exigent le broyage, le mélange, le raffermissement, le façonnage et la cuisson des pâtes. Les autres ne sont quelquefois que de simples ateliers de façonnage : la famille, aidée d'un petit nombre d'ouvriers en constitue tout le personnel; la pâte ou masse est achetée toute préparée; puis, après l'avoir façonnée, le potier la porte cuire dans un four voisin. D'autres fois, l'entreprise a plus d'étendue; au lieu d'acheter la pâte toute faite, le potier, auquel son devancier a légué des formules, des secrets, se contente d'acheter à quelqu'un de ces moulins puissants qui, dans le *Ware district*, exécutent le broyage des matières dures, la barbotine de silex, celle de Cornish-stone et quelquefois même l'argile délayée. Ces barbotines diverses (*slop*) sont vendues, à une densité déterminée, dans des barils de 300 à 600 litres. Le potier les mélange dans sa fabrique, les additionne directement de kaolin si la composition l'exige, les raffermit, les façonne et les cuit. L'organisation de ces dernières fabriques semble être le type vers lequel tendent aujourd'hui les potiers du Staffordshire ; il y a peu de temps encore, un petit nombre d'entre eux seulement se trouvait en mesure d'opérer dans l'atelier même le raffermissement des pâtes ; aujourd'hui, la plupart montent des machines à vapeur pour réaliser cette opération qu'à beaucoup simplifiée, dans ces dernières années, l'emploi des presses de Needham et Kyte.

Ce remarquable faisceau de poteries anglaises, groupées, depuis près d'un siècle, dans un district restreint, où l'on ne trouve aucune des matières premières qu'exige la fabrication, où rien, en somme, ne justifie leur agglomération, semble en ce moment menacé de se rompre. Déjà des centres céramiques nouveaux se sont créés à Glascow et à Newcastle-on-Tyne. Les matières premières arrivent directement par voie de mer au pied de ces usines, et les manufacturiers économisent ainsi les frais de transport de ces matières par canal, de Liverpool aux *Potteries*, transport dont le prix ne s'élève pas à moins de 10 francs par tonne.

A l'exception de l'acide borique et des produits accessoires, toutes les matières premières employées en Angleterre, sont extraites du sol de ce pays. L'argile plastique vient du Dorsetshire et du Devonshire ; le kaolin, la pegmatite sont fournis par le Cornwall, et les silex sont recueillis sur les côtes méridionales de l'Angleterre ; quelquefois, cependant, ces silex sont rapportés, comme frets de retour, des côtes de France et surtout de Dieppe.

C'est, d'ailleurs, dans des proportions colossales que ces divers produits sont livrés à la fabrication des faïences fines et des porcelaines tendres anglaises ; d'après une statistique, dressée en 1865 par M. Coghill, le poids de la *pâte* ou *masse*, prête pour le façonnage, s'élève, pour le district des poteries, à 160,000 tonnes ; dans ce poids, l'argile plastique figure pour

20 pour 100 ; le kaolin du Cornwall, pour 26 pour 100 ; le silex, pour 29 pour 100 ; la pegmatite ou cornish-stone, pour 17 pour 100. Le poids du borax employé pour les couvertes n'est pas moindre de 1,200 tonnes ; 30,000 kilogrammes d'oxyde de cobalt servent à azurer les pâtes et les glaçures ; enfin, plus de 375 kilogrammes d'or, soit près de 1 million de francs, figurent, comme matière première, dans la décoration de ces poteries.

France. — Sous le rapport de l'importance commerciale, la France prend rang immédiatement après l'Angleterre pour la fabrication des faïences fines. Cette fabrication a fait depuis quelques années des progrès immenses dans notre pays. En 1862. M. Salvetat, juge si compétent en la matière, estimait sa production à 8 millions de francs ; aujourd'hui, d'après les renseignements les plus dignes de foi, elle s'élève à près de 12 millions de francs. Cependant, les produits de cette industrie n'ont servi jusqu'ici qu'à la consommation locale ; l'exportation est restée insignifiante.

La production de la faïence fine est, en France, le résultat d'une organisation toute différente de l'organisation anglaise. En France, en effet, on ne compte que six grandes manufactures et une vingtaine de petites fabriques, disséminées sur la surface entière du pays ; les premières représentent, dans la production générale, environ 9,500,000 francs ; les secondes, environ 2,500,000 francs. Ces divers établissements emploient un personnel de 6,000 ouvriers.

Le plus considérable d'entre eux, au point de vue de l'étendue des affaires comme au point de vue de la qualité des produits, est la manufacture de Sarreguemines. Fondée en 1780, connue depuis tantôt un siècle sous la raison sociale Utschneider et Cie, dirigée de 1836 à 1859 par M. le baron de Geiger, aujourd'hui administrateur de la Compagnie, confiée depuis huit ans aux soins de M. Paul de Geiger, fils de ce dernier, cette manufacture a fait, dans les trente dernières années, des progrès qui, sans conteste, la placent à la tête de toutes les faïenceries de l'Europe. 2,000 ouvriers y sont employés à la fabrication de la faïence fine et de quelques autres produits céramiques moins importants, tels que la porcelaine tendre anglaise et les grès cérames.

Viennent ensuite les deux manufactures de Creil et de Montereau, réunies sous la raison sociale Lebeuf, Milliet et Cie, et que leurs habiles directeurs, MM. Barluet et Frontier, ont su maintenir au niveau où elles s'étaient placées en 1855. Le nombre d'ouvriers, travaillant dans ces deux établissements à la fabrication de la faïence fine, est de 1,400.

Une manufacture importante est établie à Bordeaux ; fondée en 1834 par M. Johnston, dirigée aujourd'hui par M. Vieillard, cette maison occupe, dans la fabrication de la faïence fine, une place des plus honorables ; malheureusement, elle ne figure pas à l'Exposition de 1867. C'est à un malentendu qu'il faut attribuer cette abstention involontaire, malentendu d'autant plus regrettable, que la manufacture de Bordeaux avait seule affronté, en 1862, les périls et les dépenses de l'Exposition de Londres. La faïence fine est le produit le plus important de cette manufacture ; chez M. Vieillard et Cie, 600 ouvriers s'occupent plus spécialement de cette fabrication ; mais on produit également dans cette usine la porcelaine dure et les bouteilles en verre.

Au centre de la France, la manufacture de Gien, dirigée par MM. Geoffroy, Guérin et Cie, atteste, par les efforts heureux qu'elle a fait dans ces dernières années, la part qu'elle entend prendre à la marche progressive de la fabrication française ; on y compte 450 ouvriers.

Enfin, aux portes de Paris, la manufacture de Choisy-le-Roi subit, sous l'impulsion hardie et intelligente de M. Hippolyte Boulenger, une transformation complète. Munie d'un outillage nouveau et perfectionné, cette maison a conquis une place excellente au milieu des premiers établissements de la

France. 300 ouvriers se trouvent réunis dans cette manufacture.

A côté de ces six grandes usines, on en rencontre encore dont l'importance mérite d'être signalée ; quelques-unes n'emploient pas moins de 200 ouvriers ; telles sont celles de Grigny (Rhône) ; de Niederwiller (Haut-Rhin), etc. ; d'autres viennent ensuite, plus nombreuses, et telles que celles d'Onnaing (Nord), de Longwy (Moselle), d'Arboras (Rhône), etc., dans lesquelles le nombre des ouvriers s'élève à 100 environ ; d'autres, enfin, telles que celles de Sierck (Moselle), de Clairfontaine (Haute-Saône), de Roquevert (Bouches-du-Rhône), etc., où le nombre des ouvriers dépasse rarement 50 ; à l'exception de deux ou trois, ces dernières manufactures ne figurent pas à l'Exposition universelle de 1867 ; elles ne doivent pas cependant être oubliées dans cette nomenclature ; plusieurs d'entre elles, en effet, sont appelées à prendre un développement peut-être considérable. L'étendue de l'usine qu'élèvent, en ce moment, à Tergniers, les directeurs de la fabrique d'Onnaing montre clairement que les petites manufactures d'aujourd'hui peuvent devenir le noyau de nouvelles et importantes fabrications.

Il ne faut pas oublier non plus les établissements où, comme chez M. de Bettignies, à Saint-Amand-les-Eaux ; chez M. de Boissimon, à Langeais, près Tours. etc., la fabrication de la faïence fine n'est que l'accessoire d'autres fabrications, telles que celle des porcelaines tendres, des faïences décoratives et même des poteries communes.

La plus grande partie des matières premières, employées par les manufacturiers français, provient de notre sol ; dans quelques cas cependant, et pour certaines qualités, ces manufactures font appel aux produits étrangers.

L'argile plastique est presque tout entière extraite dans les environs de Montereau ; les manufactures de l'Est joignent seules à cette terre différentes argiles du Palatinat ou de la Belgique. Les silex sont tantôt extraits de la craie, tantôt ramassés simplement sur nos côtes, principalement aux environs de Dieppe ; tantôt, enfin, recueillis dans le lit de nos rivières. Le kaolin de Limoges n'entre pas habituellement dans la composition de la faïence fine ; c'est le produit d'autres gisements découverts dans le département de l'Allier qui le remplace ; ces kaolins, légèrement jaunâtres, prennent à la cuisson une belle couleur blanche. La roche feldspathique la plus employée, en France, est une pegmatite partiellement décomposée et renfermant 15 à 18 pour 100 de kaolin, que l'on rencontre dans le département de la Nièvre, et qu'on désigne sous le nom de sablon de Nevers. A cette roche viennent se joindre, suivant les cas, les feldspaths de Limoges, de Suède et même de Cornwall.

L'acide borique est, parmi les éléments essentiels de la faïence fine, le seul pour lequel les manufacturiers français soient absolument tributaires de l'étranger ; ce tribut, ils le payent, non point à l'Italie, qui produit l'acide borique, mais au négociant anglais qui a su, par des traités habiles, accaparer toute cette production. La situation dangereuse dans laquelle cet état de choses peut, à un moment déterminé, jeter la faïencerie française, n'échappera à personne. Aussi ne saurait-on encourager trop vivement les tentatives des industriels qui cherchent, ainsi que le fait M. Boyer, à Grenelle, à transformer économiquement le borate de chaux du Chili en borax, ainsi que les travaux des chimistes qui s'efforcent de remplacer, par des fondants nouveaux, l'acide borique jusqu'ici nécessaire à la couverte des faïences fines.

Toutes ces matières se vendent en France à peu près au même prix qu'en Angleterre, et, de ce chef, nos fabricants ne sont pas dans une situation moins favorable que celle des fabricants anglais ; mais il n'en est pas de même lorsqu'il s'agit du combustible. Sans avoir la prétention de fixer une moyenne absolue, on peut dire que les usines françaises payent le charbon dont elles font usage environ 20 ou 25 francs la tonne, tandis que les potiers anglais payent la même matière, au pied des fours, de 10 à 12 francs. Nos manufacturiers ont donc, sur leurs concurrents anglais, un désavantage réel, et qu'on ne peut estimer à moins de 15 pour 100 sur la fabrication.

Prusse et Allemagne du Nord. — La consommation de la faïence fine, en Prusse et dans l'Allemagne du Nord, est assez restreinte; la porcelaine dure, qu'on y fabrique à très-bon marché, et la faïence commune, y forment de préférence l'élément habituel des services de table et de toilette. La production est également limitée; tout au plus peut-on l'évaluer à la somme de 3,500,000 francs. Elle est, d'ailleurs, concentrée presque tout entière entre les mains de la puissante Compagnie connue sous la raison sociale Villeroy et Boch. Cette Compagnie possède en Prusse, en Saxe et en France cinq grandes manufactures, situées à Mettlach-sur-Saar et Vaudrevange-sur-Saar (province Rhénane); à Sept-Fontaines (Luxembourg); à Dresde (Saxe) et en France, à Maubeuge (Nord). De ces usines, trois seulement s'occupent de la fabrication de la faïence fine : celles de Dresde et de Mettlach, d'une façon presque exclusive, celle de Vaudrevange, concurremment, à la fabrication de la faïence ordinaire; elles comptent : la première, 400, la seconde, 850, et la troisième, 650 ouvriers.

A côté des établissements de MM. Villeroy et Boch, s'est élevée, en 1853, une manufacture, qui a pris déjà un certain développement, c'est celle de M. Kruse, à Farge, près Brême; on la désigne habituellement sous le nom de fabrique de Witemburg, elle emploie 230 ouvriers, et fabrique annuellement 20,000 quintaux de faïence fine, blanche et décorée.

On compte encore, disséminées sur le territoire de la Prusse et des pays allemands du Nord, un certain nombre de fabriques moins considérables; l'une d'elles, située à Driesen (Posnanie), se livre exclusivement à la production de la faïence fine, elle a une centaine d'ouvriers; quelques autres, situées dans le Brandebourg, principalement auprès de Francfort-surl'Oder et de Rheinsberg, fabriquent, accessoirement à la faïence ordinaire, une certaine quantité de faïence fine ; on en compte encore deux du même genre en Saxe, à Colditz ; toutes ces fabriques ont de 30 à 100 ouvriers.. Les produits de ces divers établissements sont partiellement consommés sur place, mais, pour la plus grande partie, exportés en Russie, en Hollande, en Suisse, et même en Espagne et en Italie, en transitant par la France.

Autriche. — C'est principalement en Bohême, et à côté de l'industrie verrière, que se rencontre l'industrie céramique de l'Autriche ; comme en Prusse, cette industrie consiste surtout dans la production de la porcelaine dure; cependant la faïence fine y est aussi l'objet d'une fabrication intéressante, dont le rendement s'est élevé, en 1865, à 2,300,000 francs environ. Cette fabrication est extrêmement divisée ; une seule manufacture, située à Dallwitz, et appartenant à la banque de Thuringe, emploie 150 ouvriers; les autres établissements sont de petites fabriques, au nombre d'une trentaine environ, n'ayant chacune qu'un personnel restreint. La principale matière employée dans ces fabriques est l'argile plastique qu'on trouve en Bohême, en Moravie et dans la haute Autriche; les produits sont presque entièrement consommés sur place, et les relevés officiels n'accusent qu'une exportation insignifiante de 789,500 kilogrammes, en 1865. Aucune fabrique autrichienne n'a envoyé de faïence fine à l'Exposition de 1867.

Belgique. — On trouve, dans ce pays, deux importantes manufactures de faïences fines, celles de MM. Boch frères, à Keramis, et celle de M. Capellemans, à Jemmapes, dont la production réunie peut être évaluée à 1,500,000 francs. Celle de Kéramis, la seule sur laquelle nous ayons des renseignements précis, emploie 300 ouvriers ; la plus grande partie des faïences belges est consommée sur place ; un cinquième environ est exporté en Amérique, en Portugal, etc.

Pays-Bas. — La Hollande, où la fabrication de la terre cuite, et notamment des briques, est si largement développée, et dont les anciennes faïences ont une si grande renommée, possède également une importante fabrication de faïence fine qu'on peut évaluer annuellement à près de 2,300,000 francs. A la tête de cette fabrication se placent les puissantes usines de M. Regout, à Maestricht, usines où se trouvent réunis près de 2,600 ouvriers, dont 1,400 travaillent exclusivement à la production de la faïence, et 1,200 à celle de verreries diverses. Une portion de ces produits est destinée à la consommation locale, mais la plus grande partie est livrée à l'exportation et va, en Amérique et aux Indes, lutter contre les poteries anglaises. A la suite de cette manufacture, viennent se ranger celle de la Société Céramique, à Wyck, qui compte 220 ouvriers, et celle de M. Boch, qui, dans la même ville, emploie 60 personnes environ à la fabrication de la faïence fine.

Suède. — La faïence fine est la seule poterie usitée en Suède; deux belles manufactures établies, l'une à Rörstrand, l'autre à Gustafberg, près de Stockholm, comptent, l'une 250 ouvriers, l'autre 300, occupés à la production de services de table et de toilette élégants et soignés, dont le chiffre de vente s'élève, chaque année, à près de 1,500,000 francs. L'importation des faïences étrangères qui, depuis dix ans, n'a fait que décroître dans ce pays, n'atteint pas aujourd'hui 100,000 francs. En Norwége, au contraire, où l'on ne trouve aucune fabrique de faïence fine, l'importation anglaise s'élève à plus de 250,000 francs.

Russie. — Nous ne connaissons qu'une seule fabrique de faïence fine en Russie, celle de M. Paul Gadner, à Verbilk, gouvernement de Moscou; la porcelaine y est fabriquée concurremment avec le produit qui nous occupe ; les produits de cette usine, où figurent 300 ouvriers, sont en partie consommés sur place, en partie exportés en Perse et en Boukharie.

Italie. — La fabrication de la faïence fine y est limitée ; et l'on cite seulement comme adonnées à cette industrie, la fabrique de M. Palme, à Pise, et la manufacture importante de M. Richard, à Milan. Dans cette dernière usine, 300 ouvriers font à la fois de la faïence fine et de la porcelaine ; le nombre des pièces de faïence fine s'y élève annuellement à 1,500,000. Mais cette fabrication est loin de suffire aux besoins de l'Italie, car l'importation des poteries autres que la porcelaine, s'élève dans ce pays à 2 millions de francs.

Espagne. — Trois fabriques de faïence fine sont établies en Espagne : celle de M. Pickmann et Cie, près Séville, la Moncloa, près Madrid, et l'Alcora, près Castillon ; nous n'avons pu nous procurer aucun renseignement sur le chiffre de production de ces usines ; celle de Séville est de beaucoup la plus importante, on estime à près de 1,000 le nombre des ouvriers qu'elle emploie à la fabrication de la faïence fine.

Portugal. — Une manufacture de faïence fine a été fondée en ce pays, il y a quinze ans environ, aux portes de Lisbonne, à Sacavem ; mais cette manufacture ne semble pas avoir pris un grand développement, car le chiffre d'importation des faïences anglaises en Portugal s'élève encore chaque année à un chiffre important.

§ 3. — Examen des produits présentés à l'Exposition.

Les faïences fines dont nous avons à nous occuper en ce moment sont celles destinées aux usages domestiques, c'est-à-dire aux services de table et de toilette ; les faïences décoratives réservées à l'ornementation intérieure ou extérieure de nos habitations seront, plus tard, l'objet d'une étude spéciale.

Pour fixer la valeur d'une faïence d'usage, il faut se placer successivement à trois points de vue différents ; il faut, au point de vue plastique, en apprécier la blancheur et la forme ; au point de vue économique, en prévoir la durée, d'après la nature de la couverte et de la pâte ; enfin, au point de vue commercial, il faut se préoccuper de son prix.

La blancheur et la forme que l'on peut appeler des qualités d'aspect, sont d'une appréciation facile ; les prix sont également aisés à comparer ; mais il n'en est pas de même des qualités de fonds, c'est-à-dire des qualités qui garantissent à la pièce de faïence une durée convenable.

Pâtes et couvertes. — Les pièces de faïence fine se brisent aisément lorsque la pâte en est lâche et poreuse ; elles se rayent lorsque la couverte en est molle, et une fois rayées, elles ne tardent pas à se salir et à s'empuantir par l'absorption des matières grasses dans le biscuit. Enfin, elles se couvrent de tresaillures dont l'inconvénient est le même, lorsque le vernis et la pâte n'ont pas la même dilatabilité. Aussi les fabricants, lorsqu'ils ont trouvé des matériaux qui cuisent blanc et des formes qui plaisent au consommateur, n'ont-ils pas de préoccupations plus grandes que de donner à ces pâtes un grain dur et serré, et de les recouvrir d'un vernis approprié à la pâte qu'il recouvre et résistant à l'action du couteau. Ces qualités doivent d'ailleurs être concomitantes, et c'est en vain qu'on croirait obtenir un produit de premier ordre en recouvrant un biscuit tendre d'un vernis très-dur. Dans ce cas, en effet, le vernis, tout capable qu'il est, par lui-même, de résister à l'action du couteau, se déprime néanmoins sous la pression que celui-ci exerce à sa surface, le biscuit est atteint, et la couverte n'étant plus soutenue, se brise, malgré sa dureté.

Tout en se préoccupant de l'obtention de ces deux qualités, les fabricants ont négligé jusqu'ici de déterminer par des méthodes exactes dans quelle mesure leurs produits les possèdent. Ainsi, pour se rendre compte de la dureté d'une couverte, on a coutume de rayer celle-ci à l'aide du premier couteau venu, et d'évaluer par l'esprit l'effort qu'il a fallu déployer pour obtenir ce résultat. De même pour estimer jusqu'à quel point le biscuit est serré, on se contente d'apprécier avec quelle énergie il happe à la langue. Sans doute, des expérimentateurs très-exercés peuvent à l'aide de ces moyens grossiers arriver quelquefois à de bons résultats, mais pour une étude générale, comme celle que nous avons à faire en ce moment, il nous a semblé nécessaire de recourir à des procédés plus sérieux.

Dans une première série d'expériences, nous nous sommes proposé de déterminer la dureté de la couverte des faïences fines, indépendamment de l'état du biscuit ; dans une seconde série, nous avons cherché à estimer le degré de corps de la pâte, sans nous préoccuper de la couverte ; enfin, nous avons également cherché à nous rendre compte, par des expériences directes, de la résistance de ces poteries à la trésaillure.

Pour déterminer la dureté de la couverte, nous avons employé l'appareil suivant : un petit plateau circulaire en bois de 8 centimètres de diamètre environ est porté sur trois pieds de 1 centimètre de hauteur ; deux de ces pieds sont terminés par des pointes mousses, le troisième porte un diamant enchâssé comme ceux dont on fait usage pour couper le verre. Ce plateau est posé sur la pièce que l'on veut essayer (pièce de platerie bien entendu); on le promène à la surface de celle-ci, en le chargeant de poids rentrant les uns dans les autres et placés exactement au dessus du pied qui porte le diamant, jusqu'à ce que la couverte fasse entendre un léger cri et se montre franchement écorchée ; on note alors le poids nécessaire pour obtenir ce résultat, et on le considère comme exprimant la dureté de l'émail par rapport au diamant dont on a fait usage. Les pointes d'acier, même fortement trempées, ne peuvent être substituées au diamant; elles s'émoussent très-vite et ne donnent pas de résultats comparables ; avec le diamant, au contraire, on détermine ainsi la dureté avec une grande exactitude ; 10 grammes de plus ou de moins suffisent presque toujours pour modifier l'action du diamant sur la couverte. Les limites de dureté dans lesquelles l'opérateur peut se mouvoir sont d'ailleurs suffisamment étendues ; l'expérience, en effet, démontre que pour rayer la porcelaine dure, il faut appliquer sur le plateau plus de 1 kilogramme, tandis que la faïence commune à vernis plombifère est franchement écorchée par l'addition d'un poids de 120 grammes.

D'un autre côté, la solidité du biscuit dérivant principalement de l'état plus ou moins serré de la pâte, et conséquemment du rapprochement plus ou moins grand des particules qui la composent, il nous a semblé exact de la considérer comme proportionnelle à ce rapprochement, et par suite comme inversement proportionnelle à la porosité. Ceci admis, et pour mesurer cette porosité, nous avons pris des tessons d'assiettes, et, après les avoir soigneusement pesés, nous les avons immergés sous l'eau et abandonnés pendant soixante heures dans le vide. Le poids d'eau absorbé par ces tessons représente évidemment le degré de porosité du biscuit et permet conséquemment d'établir pour celui-ci une échelle de solidité.

Nous avons mis en expérience un très-grand nombre d'échantillons et, en répétant plusieurs fois nos essais sur chacun d'eux, nous avons constaté l'exactitude de la méthode ; dans le cours de ce travail, un fait nous a profondément surpris, et a surpris de même les manufacturiers auxquels nous l'avons communiqué : c'est la constance des résultats fournis par les produits d'un même établissement. Ainsi, pour ne citer qu'un exemple, trois pièces portant la même marque, achetées en divers magasins, ont donné pour la dureté de la couverte les résultats suivants : 0 kil., 390 — 0 kil., 370 — 0 kil., 370. Trois autres pièces d'une autre maison, achetées dans les mêmes conditions, ont donné pour la porosité : 15,58 — 15,24 — 14,50.

Quant à la résistance à la trésaillure, nous nous sommes contenté d'appliquer l'ancienne méthode, dont l'exactitude nous a paru largement suffisante, et qui consiste à soumettre des pièces entières ou des tessons à de brusques changements de température. Dans ce but, nous avons, à plusieurs reprises, plongé brusquement dans l'eau bouillante les pièces préalablement immergées dans de l'eau ne marquant pas plus de

10° et inversement. Les résultats que nous avons obtenus dans ces conditions sont dignes de remarque; parmi près de soixante échantillons de toute provenance, nous n'en avons pas rencontré un seul qui offrît la moindre trésaillure; c'est là un indice certain du soin qu'apportent les manufacturiers de tous les pays à l'appropriation de leurs pâtes et de leurs vernis; c'est la preuve que les faïences fines possèdent aujourd'hui d'une manière régulière l'une des qualités qui leur sont le plus indispensables.

Pour établir, à l'aide des méthodes que nous venons d'indiquer, une comparaison sérieuse entre les produits des manufactures de faïences fines, nous avons recueilli et soumis à l'expérience autant d'échantillons que le temps nous a permis de le faire. Les résultats de ce travail sont consignés dans le tableau que nous présentons ci-dessous. En faisant cette étude, notre but n'a pas été de classer entre elles telle ou telle manufacture; nous avons pris la question de plus haut: il nous a semblé plus intéressant et plus utile de comparer les produits par nationalité; d'établir, en un mot, quelle est la situation actuelle de la fabrication anglaise en face de la fabrication de la France et de quelques autres pays du continent.

Tous nos échantillons n'ont pas été recueillis de la même façon; tous ceux qui proviennent des manufactures françaises ont été pris par nous, à l'usine, dans la cazette même où ils venaient d'être cuits (1). Tous ceux, au contraire, qui proviennent des manufactures étrangères, nous ont été remis à l'Exposition, après avoir été choisis parmi les produits des exposants par les personnes chargées de les représenter (2). Il n'est donc pas permis de les considérer comme l'expression aussi fidèle de la fabrication courante de ces manufactures.

(1) Il faut excepter les produits de la manufacture de Gien, que le temps ne nous a pas permis de visiter; ils ont été les uns pris à l'Exposition, les autres achetés par nous dans le commerce.

(2) Les échantillons de M. Pinder, Bourne et Cie nous ont été remis par M. Saglier, négociant à Paris, qui les a retirés de ses magasins.

Dans le tableau qui va suivre, les faïences sont rangées par ordre de blancheur; celles de la première section, que nous appelons *produits supérieurs*, sont d'une blancheur éclatante; celles de la seconde, un peu moins blanches que les premières, le sont encore assez cependant, pour ne pouvoir être confondues, comme *produits blancs*, avec les faïences de la troisième section ou *produits courants*, qui présentent toutes, avec des intensités croissantes, cette teinte jaunâtre, crémeuse, que les fabricants cherchent à combattre en azurant la couverte à l'acide de l'oxyde de cobalt.

Comparaison des principales faïences fines, présentées à l'Exposition Universelle de 1867, au point de vue de leurs qualités et de leurs prix.

DÉNOMINATION des FAÏENCES EXPOSÉES.	DURETÉ de l'émail exprimée par le poids sous lequel celui-ci se laisse écorcher par une pointe de diamant.	GRAIN de la pâte ou degré de porosité exprimé par le poids d'eau que peuvent absorber 100 gram. du produit.	(1) PRIX de la douzaine d'assiettes blanches unies de 8 pouces anglais ou 21 centim. français.	PRIX de la douzaine d'assiettes imprimées de 8 pouces anglais ou 21 centim. français.
1° Produits supérieurs.				
China de Sarreguemines (France)	0k.625	8.25	2f c	3f 10c
White glaze de MM. Minton et Cie (Angleterre)	0k.530	12.55	2 95	3 25
Faïences de Rörstrand (Suède)	0k.440	9.43	»	3 »
Faïences de Gustafberg (Suède)	0k.480	11.24	2 20	»
2° Produits blancs.				
Granit de Choisy-le-Roi (France)	0k.420	11.23	1f 95c	3f 15c
Steingut de MM. Villeroy et Boch (Prusse)	0k.415	15.14	2 20	3 80
China-stone de M. Pinder Bourne (Angleterre)	0k.485	10.00	2 75	2 95
3° Produits courants.				
Opaque de Sarreguemines (France)	0k.620	13.25	1f 30c	»
Porcelaine opaque de Gien (France)	0k.375	14.50	1 35	2 60
Cream-colour de MM. Minton (Angleterre)	0k.400	8.20	1 58	»
Porcelaine opaque de Creil (France)	0k.505	10.14	1 55	2 50
Porcelaine opaque de Montereau (France)	0k.450	15.40	1 55	2 50
Demi-porcelaine de Choisy-le-Roi (France)	0k.390	11.31	1 55	2 25
Cream-colour de M. Copeland (Angleterre)	0k.340	8.64	2 60	3 15
Cream-colour de M. Wedgwood (Angleterre)	0k.320	8.51	2 10	2 95

(1) Les prix de ces produits nous ont été fournis par les fabricants eux-mêmes ou par leurs représentants; nous les avons bonifiés des remises habituelles faites par ces fabricants au commerce.

L'étude attentive du tableau qui précède fournit des conclusions très-nettes.

Examinons d'abord les produits anglais; ils peuvent se rapporter à deux types : le premier représenté par le *White glaze* de MM. Minton, et le *china-stone* de MM. Pinder Bourne et Cie, le second, par le *cream-colour* de MM. Minton, Copeland et Weegwood. Le premier de ces produits est d'une blancheur parfaite, la couverte en est dure, puisque, pour la rayer, il faut 530 et 485 grammes; mais la pâte en est relativement poreuse, car elle absorbe 12,5 et 10 pour 100 d'eau; c'est la faïence fine perfectionnée de l'Angleterre. La pâte de ce produit est très-fortement cailloutée, c'est à ce prix que s'obtient la blancheur, mais c'est aussi ce qui en détermine la porosité, et, par suite, en diminue la solidité. Le second produit est le *cream-colour;* c'est à peu de chose près l'ancienne faïence de Wedgwood, plus jaune que le produit précédent, parce qu'elle est moins cailloutée, à couverte tendre, excepté chez MM. Minton, puisque 340 à 320 grammes suffisent pour la rayer, mais aussi plus solide, puisqu'elle est moins poreuse et n'absorbe guère que 8 pour 100 d'eau.

Passons ensuite aux produits français. Là encore nous trouvons deux types bien caractérisés : l'un, représenté par le *china* de Sarreguemines, l'autre par les produits courants de toutes nos manufactures; entre ces deux types vient se placer le granit de Choisy-le-Roi. Le china de Sarreguemines est un produit nouveau, sa blancheur est absolue, comparable à celle de la porcelaine; la couverte, supérieurement glacée, est la plus dure dont aucune faïence fine ait été jamais revêtue, puisque pour la rayer, une pression de plus de 600 grammes est nécessaire; enfin, la pâte figure au nombre des moins poreuses, puisqu'elle n'absorbe que 8 pour 100 d'eau. Cette poterie est donc, parmi les faïences fines que nous a fait connaître l'Exposition, la plus blanche, la plus serrée comme pâte, la plus dure comme vernis. Nous ne connaissons point la composition de cette poterie, mais il est certain qu'elle constitue un type nouveau de faïence, et que c'est par des procédés différents de ceux qui servent aux manufacturiers anglais que l'argile y est dégraissée et blanchie. Sans doute les fondants, le feldspath ou la pegmatite jouent dans cette circonstance un rôle considérable ; c'est ce que permet de supposer, du moins, l'aspect des cassures et surtout des cassures fines de cette poterie, aspect qui rappelle, plus que celui d'aucune autre faïence, le grain de la porcelaine ; c'est ce que permet de supposer encore la remarquable sonorité des pièces, sonorité qui vient s'ajouter au caractère précédent pour affirmer la cohésion de la pâte.

Le granit de Choisy-le-Roi, sans présenter ces qualités éminentes, est supérieur aux produits ordinaires ; il se rapproche du china-stone de M. Pinder Bourne, sur lequel il a cependant un avantage évident au point de vue de la blancheur ; la porosité est à peu près la même que celle des produits supérieurs anglais, mais la couverte est moins dure ; il y a là encore un progrès à faire pour arriver au premier rang.

Le second type de produits français est la faïence désignée habituellement sous le nom de *porcelaine opaque* ou de *demi-porcelaine* ; c'est une poterie légèrement jaunâtre, mais d'une teinte beaucoup plus claire que celle des produits correspondants, ou cream-colour anglais, d'une porosité plus grande, oscillant entre 11 et 15 pour 100, mais couverte d'un vernis plus résistant que les vernis anglais : puisque pour rayer le premier, il ne faut pas moins de 400 à 600 grammes, tandis que pour rayer les seconds, 300 à 400 suffisent.

En un mot, toute compensation faite, le second type français plus blanc, revêtu d'un vernis plus dur, mais plus poreux, et le second type anglais, moins poreux, mais plus jaune et surtout moins dur en couverte, peuvent être placés sensiblement sur la même ligne.

Sous le rapport des qualités de fond, les faïences anglaises et françaises se présentent donc aujourd'hui dans les conditions suivantes : supériorité incontestable de la fabrication française lorsqu'il s'agit des produits de premier ordre; égalité entre cette fabrication et la fabrication anglaise, lorsqu'il s'agit des produits courants.

Prix. — Mais il manque encore à notre appréciation un des éléments principaux : le prix. Aussitôt que l'on se place à ce point de vue, la supériorité de la fabrication française acquiert de plus grandes proportions. Comparons, en effet, les prix des produits qui peuvent être aisément assimilés les uns aux autres, et prenons pour terme de comparaison des pièces de platerie, des assiettes ; comparons, par exemple, le white-glaze de M. Minton avec le china de Sarreguemines ; dans le premier cas, nous verrons la douzaine d'assiettes blanches de 8 pouces, ou twifflers, vendue 2 fr. 95 c. ; dans le second, la même douzaine vendue 2 francs seulement, c'est-à-dire à un prix inférieur d'un tiers au prix anglais. Comparons le granit de Choisy-le-Roi (toujours en blanc) avec le china stone de M. Pinder Bourne et nous trouvons 1 fr. 95 c. d'un côté, 2 fr. 75 c. de l'autre ; la même différence se maintient; et cette différence est plus grande encore qu'elle ne paraît, car l'habitude du commerce français est aujourd'hui de rendre franco, au domicile de l'acheteur, la faïence qui lui doit être livrée.

Passons maintenant aux produits courants, et nous voyons les prix de tous nos fabricants, à peu près égaux entre eux, ne varier que de 1 fr. 50 c. à 1 fr. 55 c. ; quant aux prix anglais, nous les voyons s'élever pour le même produit à 2 fr. 10 c. et 2 fr. 60 c., suivant la qualité. Les prix de MM. Minton seuls se rapprochent des prix français ; mais la production du cream-colour est exceptionnelle chez ces manufacturiers, et c'est presque uniquement aux produits de qualité supérieure qu'ils s'attachent.

Ainsi, le fait est nettement établi, la faïence française, en blanc uni, se vend un tiers meilleur marché que la faïence anglaise. Cette grande différence semble disparaître, du moins pour les produits supérieurs, lorsque, au lieu d'examiner le blanc, on examine l'imprimé ; la différence n'est plus alors que de quelques centimes entre les produits anglais et les produits français; mais cette égalité de prix n'est qu'apparente. En Angleterre, en effet, les pièces les plus belles sont seules réservées à la vente en blanc, tandis que les pièces moins bien réussies, et présentant quelques défauts, sont destinées à l'impression, si bien qu'en réalité les qualités de fond cessent d'être identiques pour une même sorte, lorsqu'on passe du blanc à l'imprimé. Ce premier choix est facile à faire, d'ailleurs, car la vente du blanc ne dépasse pas en Angleterre 35 pour 100 de la vente totale ; en France, au contraire, où la vente de l'imprimé n'atteint pas 20 pour 100, l'opération serait impossible.

La comparaison entre les impressions sur produits courants rétablit les choses dans leur état véritable ; on voit alors, en effet, les produits français de Creil, de Montereau, de Gien, de Choisy, etc., rendus franco au domicile de l'acheteur au prix de 2 fr. 50 c., tandis que les produits de MM. Copeland, Wedgwood, etc.; se vendent au prix de 3 fr. à 3 fr. 15 c., dans la manufacture même.

Il existe, en Angleterre, d'autres produits encore que ceux que nous venons d'examiner, et dont le prix est inférieur à ceux des produits français ; mais ce sont alors des poteries de basse qualité, poreuses, mal cuites, fortement colorées, à couverte tendre, et ne méritant plus guère le nom de faïences fines. Ces poteries ne sont pas destinées à l'Angleterre ; celle-ci ne veut que les beaux produits de MM. Minton, Copeland, Ridgway, Wedgwood, Pinder Bourne et Cie, Jones, etc., et c'est à l'exportation que sont réservés ces produits inférieurs qui ne figurent pas, du reste, à l'Exposition universelle.

La supériorité de la fabrication française, sous le rapport des qualités de fond et de prix est donc établie, sans conteste, aussi bien pour l'imprimé que pour le blanc; mais nous le verrons bientôt, sous le rapport des qualités d'aspect et sous celui de la forme et de la décoration, nos fabricants ont encore des progrès à faire pour lutter avec l'excellence des produits anglais.

Si de France, nous passons en Allemagne, nous trouvons les beaux produits de MM. Villeroy et Boch, analogues en tous points au granit de Choisy ; leur prix est un peu plus élevé cependant, surtout si l'on tient compte de la remise franco au domicile de l'acheteur ; ils se rapprochent par la forme des faïences françaises bien plus que des faïences anglaises ; les produits exposés par M. Kruse, de Brême, sont dans le même cas. Il en est de même aussi des excellentes poteries de MM. Boch frères, de Kéramis (Belgique) et de celles exposées par la grande manufacture de M. Regout à Maestricht (Hollande), poteries que nous regrettons de n'avoir pu examiner expérimentalement, et parmi lesquelles nous signalerons d'intéressants spécimens de décoration.

Les faïences fines de M. Richard et de M. Palme (Italie), celles de M. Pikmann (Espagne), celles de la manufacture de Sacavem (Portugal), se rapprochent des produits anglais ; il ne nous a pas semblé bien important d'en relater les prix, tous supérieurs aux prix français et souvent même aux prix anglais.

Mais il est deux manufactures dont les produits méritent au plus haut point de fixer l'attention ; ce sont celles de Rorstrand et de Gustafberg (Suède). Ces produits, en effet, se placent au premier rang sous le rapport de leur blancheur, en même temps que la dureté de leur couverte, le grain serré de leur pâte les maintiennent à côté des meilleures faïences de la France et de l'Angleterre. Leurs qualités d'aspect marchent de pair avec leurs qualités de fond, et leurs prix se rapprochent beaucoup des prix français. Les produits exposés par ces deux manufactures n'ont, du reste, rien d'exceptionnel ; ils sont le résultat d'une fabrication courante, ainsi que nous avons pu le constater nous-même en Suède. Le grand nombre des commandes que leur ont faites les visiteurs de l'Exposition, a justifié pleinement les récompenses que leur a décernées le Jury.

Pour fixer le prix des faïences anglaises et françaises, nous ne nous sommes préoccupés que de la platerie ; c'est que, en effet, les pièces plates et unies sont les seules entre lesquelles on puisse faire une comparaison équitable ; les pièces de creux, soupières et analogues, pots à eau, sucriers, bols, etc., présentent par la variété de leurs formes et de leur ornementation des différences telles qu'il est impossible de faire entre les produits appartenant à deux services distincts, la moindre assimilation ; certaines pièces, d'ailleurs, s'obtiennent plus facilement et à meilleur marché en Angleterre ; certaines autres, au contraire, sont, en France, d'un prix moins élevé ; tels sont par exemple, dans les services de toilette, d'un côté, les pots et cuvettes, d'un autre, les pièces accessoires. En un mot, il serait impossible de poser à cet égard aucune règle absolue.

Forme et façonnage. — Considérées sous le rapport plastique, les faïences d'usage fabriquées en Angleterre ont des qualités supérieures que ne présentent pas toujours les produits fabriqués en France et généralement sur le continent. Les formes en sont toujours élégantes, soigneusement étudiées et remarquablement appropriées à l'emploi auquel ces faïences sont destinées ; s'agit-il d'un pot à eau? la forme en sera calculée de manière que le liquide s'en puisse écouler avec facilité, sous le moindre effort, et sans aucune projection latérale : s'agit-il de pièces de platerie ? leur planimétrie sera parfaite, les bords en seront réguliers, minces et finis avec soin : forme et façonnage, en un mot, porteront la marque d'une fabrication de premier ordre. Un seul défaut peut être reproché aux faïences anglaises, c'est l'exagération de leur épaisseur et le poids considérable qui en est la conséquence ; mais l'Exposition actuelle permet de le constater, ce défaut tend à disparaître et l'on commence à fabriquer, en Angleterre, des pièces presque aussi minces que les faïences françaises.

Cependant, les faïences fines que produisent l'industrie française et, plus généralement, l'industrie continentale, n'ont pas toujours les qualités que l'on se plaît à reconnaître aux produits anglais. Ainsi, à l'exception d'un petit nombre, nos manufacturiers donnent à leur platerie des bords trop épais, plus épais que le reste de la pièce, ce qui rend celle-ci plus fragile, et produit un effet disgracieux ; pour les pièces de creux, plusieurs de nos fabricants conservent aujourd'hui encore, et depuis trop longtemps, des formes surannées et irrationnelles, si bien que notre fabrication se trouve, en fin de compte, arriérée, sous ce rapport, vis-à-vis de l'industrie anglaise. Ce n'est pas que des progrès n'aient été accomplis déjà, dans le sens que nous indiquons, et nous devons rendre justice aux efforts de quelques-uns de nos manufacturiers; mais ces efforts ne suffisent pas, et de plus grands sont nécessaires si la faïencerie française veut conquérir la suprématie à laquelle elle semble être destinée par la qualité supérieure et le bon marché de ses produits.

Décoration. — La faïence fine n'a eu jusqu'ici, en France, que deux destinations ; tantôt, à l'état blanc et uni, elle s'adresse à la table et à la toilette des familles trop peu aisées pour acquérir de la porcelaine dure ; tantôt, à l'état imprimé, elle est recherchée pour la gaieté de son aspect, et va figurer, comme vaisselle de campement, dans le mobilier spécial de la maison de campagne.

En Angleterre, il en est tout autrement ; l'emploi de la porcelaine dure est, dans ce pays, une exception : la porcelaine tendre, réservée aux services de dessert, aux services à thé, etc., y est l'objet d'une consommation limitée, et la faïence fine reste seule, en somme, pour satisfaire aux besoins du riche comme à ceux du pauvre.

Si les choses, en France, devaient rester en l'état où elles sont actuellement ; si le bourgeois modeste, si le riche en villégiature devaient, seuls, être les consommateurs de la faïence fine, nous aurions à peine besoin de parler de la décoration au point de vue français ; il nous suffirait de dire que nos fabricants apportent aujourd'hui à la gravure de leurs impressions un soin infini ; qu'ils ont réalisé dans cet ordre d'idées de grands progrès, et ne le cèdent, sous ce rapport, à leurs concurrents d'Angleterre que dans quelques cas tout à fait exceptionnels ; mais il faut, nous le croyons du moins, envisager la question à un autre point de vue.

Les manufacturiers de l'Angleterre nous montrent, depuis longtemps, et aujourd'hui plus que jamais, quels services charmants et distingués peut fournir la faïence sur laquelle on associe à l'impression ordinaire les reprises au pinceau sur biscuit, ou même le décor sur couverte. Ce genre de service est à peine connu dans notre pays ; c'est lui, cependant, qui seul peut donner à la faïence fine droit de cité. L'exposition de MM. Minton, Copeland, Wedgwood, Pinder-Bourne et Cie, etc., est riche en modèles de ce genre. Sobrement décorées de sujets simples posés en impression, sur le bord du biscuit, portant au centre un motif léger qui ne cache pas la blancheur de la pâte, achevées enfin par quelques touches de couleur placées tantôt sur le biscuit, tantôt sur la couverte, les pièces qui composent ces services ont un cachet d'élégance et de distinction qui manque trop souvent aux services chargés de fleurs bleues ou lilas, que fournit l'impression ordinaire. Le prix en est, d'ailleurs, très-abordable, et s'élève rarement pour la douzaine d'assiettes (*twifflers ou assiettes françaises*) au delà de 6 ou 8 francs.

Lorsqu'on examine avec soin les produits présentés à l'Exposition de 1867, il semble que nos fabricants et nos décorateurs se préoccupent déjà de combler la lacune que nous signalons dans notre fabrication ; ainsi, la manufacture de Sarreguemines, à côté de ses belles impressions monochromes, nous montre un service riche, décoré de fleurs et de papillons sur couverte, qui peut rivaliser avec les plus belles porcelaines ; la manufacture de Gien présente au public des imitations fort heureusement traitées de Rouen et de Moustier ; les unes imprimées en bleu sous couverte, au prix de 6 et 8 francs la douzaine d'assiettes, les autres achevées en couleur de moufle, valant de 15 à 18 francs; dans la vitrine de M. Rousseau, on remarque un service original où de gros poissons, quelques oiseaux, des papillons, des mollusques isolés et jetés au hasard s'étalent sur le fond blanc des pièces; mais, de tous les services que nous avons vus, celui qui, par son genre, comme par son prix, nous paraît le mieux répondre aux conditions du mobilier moderne, est le service, dit grec, exposé par MM. Lebeuf, Milliet et Cie, et vendu au prix de 6 francs la douzaine d'assiettes. Une grecque bleue, accompagnée d'un filet de même couleur, imprimée sous couverte, sur le bord des pièces, et redescendant par quatre pointes losangées vers le fond, où se pose un chiffre géminé, avec un rechampi jaune et rouge en couleur de moufle, forme tout le décor, et ce motif sobre réalise dans son ensemble un effet gracieux et satisfaisant.

L'espace nous manque pour nous étendre sur les produits exposés par la fabrication étrangère à la France et à l'Angleterre ; contentons-nous donc de citer rapidement l'emploi habile de l'impression sur couverte et de la photographie sous émail, chez MM. Villeroy et Boch ; de jolies imitations de décors chinois, chez MM. Boch frères, de Kéramis, et chez M. Regout, de Maestricht, et enfin les imitations de Marieberg, exécutées avec tant de succès par la manufacture de Rörstrand (Suède).

Si nous ne nous trompons, c'est à la production de semblables poteries que nos fabricants et nos décorateurs doivent surtout appliquer leurs efforts. Il ne s'agit nullement d'imiter les décors anglais ; il faut créer un genre nouveau, élégant et riche, le genre français. L'art antique, l'art de la Renaissance surtout, offrent à nos artistes des ressources infinies, et il n'est pas permis de douter que, secondés par les dessinateurs éminents qui font faire chaque jour des pas si rapides à l'art de l'ornementation, nos habiles fabricants ne parviennent bientôt à occuper le premier rang pour la décoration des faïences d'usage, comme ils l'occupent déjà pour la qualité des produits.

§ 4. — Perfectionnements apportés à la fabrication de la faïence fine.

La fabrication de la faïence fine a été, depuis douze ans, principalement en France, profondément modifiée, et c'est surtout aux perfectionnements matériels dont elle a été l'objet qu'il faut attribuer l'amélioration de ses produits.

Composition des pâtes et des couvertes. La pâte de faïence fine était, à l'origine, uniquement formée d'argile plastique et de silex blanchi par la calcination. Deux nouveaux éléments entrent aujourd'hui dans sa composition : le kaolin, qui la blanchit sans la rendre trop courte; le feldspath, qui, donnant au biscuit une légère tendance à la vitrification, en rapproche les molécules et lui donne un grain plus serré. L'emploi du kaolin, du feldspath et du silex, a pris un tel développement que l'argile ne figure plus guère que pour 20 ou 30 pour 100 dans la pâte.

L'addition, non-seulement à la couverte, mais encore à la pâte elle-même, d'une petite proportion d'oxyde de cobalt, qui en éteint la coloration jaunâtre, a permis d'obtenir, avec les matières ordinaires, des granits plus blancs que les faïences usuelles; cette addition, toutefois, ne doit pas dépasser une certaine limite, sous peine de donner à la poterie une teinte verte désagréable.

Les vernis, auxquels les faïenciers s'obstinent à donner improprement le nom d'émail, étaient autrefois très-chargés en oxyde de plomb; ils n'en renferment plus aujourd'hui; tout au plus quelques fabricants ajoutent-ils aux matières, lors du broyage, quelques centièmes de céruse, dont l'action est surtout mécanique et sert à rendre le mélange plus intime.

Broyage et raffermissement des pâtes. Les moulins à blocs sont aujourd'hui d'un usage général chez tous nos manufacturiers; les uns les aiment de grandes dimensions et mesurant jusqu'à 4m20 de diamètre, les autres les préfèrent plus petits et mesurant seulement 1m50; les résultats obtenus dans l'un et l'autre cas ne semblent pas d'ailleurs présenter de différences. Des opinions opposées existent sur le meilleur mode de broyage des matières dures; les uns broient le silex et la pegmatite simultanément, assurant que le mélange des deux matières en est plus parfait; les autres, au contraire, à l'imitation des fabricants anglais, broient chacune de ces matières isolément, et ne les mélangent qu'après les avoir fait passer l'une et l'autre à travers des blutoirs de même numéro; cette manière de faire semble plus rationnelle que la première, et l'usage des décantations successives la rend en même temps économique et sûre.

Le raffermissement des pâtes était autrefois une des opérations les plus laborieuses de la fabrication; aujourd'hui cette opération a lieu en quelques heures; la filtration sur le plâtre a complétement disparu; les fosses à feu ne sont plus employées que dans quelques cas exceptionnels, et les presses de MM. Needham et Kyte ont généralement remplacé les anciens systèmes. Découvertes vers 1855, ces presses se rencontrent aujourd'hui dans toutes nos usines; chez quelques-uns de nos fabricants elles sont en pleine activité depuis plusieurs années; les autres se hâtent de les installer. Quelques mots suffiront à en expliquer le principe. Des châssis pleins en bois, de 2 mètres de longueur sur 0m80 de hauteur environ, et garnis intérieurement de cannelures verticales, sont dressés par couples les uns contre les autres. Deux toiles repliées, se recouvrant l'une l'autre, de manière à former sac, sont appliquées contre les parois, dans l'espace que ferme le cadre du châssis. A chacun de ces sacs correspond un ajutage métallique, facile à mettre en communication avec le tuyau d'une pompe foulante. Cette pompe va chercher la barbotine dans le mélangeoir, l'envoie dans le sac que les châssis maintiennent, et la pression, qui n'est pas moindre de 5 atmosphères, déterminant la séparation de l'eau qui filtre à travers la toile et de la pâte qui y reste enfermée, le sac ne tarde pas à contenir une masse plastique bien raffermie, et qui, pour être prête au façonnage, n'a plus besoin que de passer au malaxeur.

Façonnage. — La mécanique a pris aujourd'hui la place principale dans le façonnage de la faïence, et la main de l'ouvrier n'intervient plus que pour guider cet agent. Tous les tours sont mus par la vapeur, et non-seulement la platerie, mais encore la plupart des pièces de creux, se font par des procédés automatiques. Aussi ne trouve-t-on plus, dans nos grandes manufactures de faïences fines, que deux ou trois ébaucheurs, occupés principalement à la fabrication de pièces spéciales. La platerie, ainsi que cela se pratique depuis longtemps, est moulée, renversée, sur la tournette, au moyen d'un calibre que l'ouvrier abat sur la croûte; les pièces de creux sont moulées à l'estèque; dans ce procédé, dont l'emploi remonte à quelques années seulement, un moule creux en plâtre est placé au centre du tour; l'ouvrier y jette une balle de pâte, puis y fait descendre un calibre ou estèque reproduisant le profil de la pièce; appuyé contre la balle de pâte qui occupe le fond du moule et tourne avec lui, l'estèque la presse, la fait remonter le long des parois sur lesquelles il l'applique et dont il lui fait embrasser la forme. La pièce de creux est alors formée; le moule en détermine la surface extérieure, l'estèque en a dessiné la surface intérieure.

Les quelques tours à ébaucher que l'on rencontre encore dans les faïenceries, ainsi que les tours en l'air destinés au tournassage, ont été perfectionnés dans ces dernières années par l'adjonction d'un mécanisme qui permet à l'ouvrier d'en modifier la marche à sa guise. La vapeur communique le mouvement à un disque plat, parallèle à l'arbre du tour; sur cet arbre peut se mouvoir longitudinalement, à l'aide d'un levier, une poulie qui, par sa friction contre le disque, est chargée de transmettre le mouvement à cet arbre et par suite au tour tout entier. Amenée à l'une des extrémités d'un diamètre du disque, cette poulie donne au tour un mouvement rapide de 600 tours à la minute; rapprochée du centre, elle abaisse cette vitesse à 100 tours environ; au centre même, elle rend l'appareil immobile; si enfin elle franchit ce point, le mouvement se trouve renversé, et le tour, qui marchait d'abord de gauche à droite, par exemple, marche alors dans le sens opposé.

Chauffage. — De grands efforts ont été faits et se poursuivent encore en ce moment, en France, pour diminuer la quantité de combustible nécessaire au chauffage des fours. C'est surtout aux manufactures de Creil et de Montereau que revient l'honneur de ces efforts. A Montereau tous les fours ont été reconstruits ou modifiés d'après le système de M. Boch, de Maestricht. Dans ces fours, la flamme, au sortir des alandiers, se sépare en deux faisceaux, l'un d'eux s'élève le long de la paroi du four et remonte jusqu'à la voûte; l'autre passe dans un carneau sous le pavement, et rejoint une cheminée centrale formée de cazettes sans fond, où viennent converger toutes ces flammes. La colonne s'élève à travers la cheminée et monte jusqu'à la voute, où elle se renverse comme la flamme directe des divers alandiers, et toutes deux, confondues, redescendent à travers les cazettes pour être avalées par des orifices ouverts dans le pavement, à moitié route des alandiers et de la cheminée centrale. Après avoir ensuite circulé sous le four, les produits de la combustion s'échappent dans des cheminées en nombre égal à celui des alandiers, et qui, ménagées dans la paroi du four, vont se réunir au sommet de celui-ci et au-dessus de la voûte. L'emploi de ces fours perfectionnés fournit de remarquables résultats ; au lieu de soixante heures, la cuisson du biscuit n'en exige plus que quarante. La dépense du combustible est, il est vrai, la même qu'avec les fours ordinaires, mais il devient possible de faire un service déterminé avec un plus petit nombre de fours.

A Creil se poursuit en ce moment une tentative qui intéresse au plus haut degré toute l'industrie céramique; il s'agit de l'application des fours Siemens. Il est inutile d'insister sur les difficultés que présente l'emploi de ces appareils dans une industrie dont la condition essentielle est la discontinuité. Ces difficultés ont été vaincues à Creil; un four Siemens y fonctionne régulièrement depuis un an: deux autres sont en construction et, réunis au premier, constitueront un jeu de trois fours, à cheval sur un seul générateur. D'après les résultats obtenus, il serait possible de réaliser de cette façon une économie de 40 pour 100 sur le combustible.

Décoration. — Nous n'avons à signaler aucun progrès important dans les procédés pratiques sur lesquels sont basées l'impression et la décoration des faïences fines; disons seulement que les gravures sont plus soignées, les sujets mieux choisis, et espérons que la méthode d'impression encore barbare, suivie jusqu'ici, ne tardera pas à devenir l'objet des perfectionnements que réclame cette partie de la fabrication. Quelques applications nouvelles méritent cependant d'être citées; tel est l'emploi des lustres métalliques, dont l'inventeur, M. Brianchon, tire un si heureux parti aussi bien sur faïence que sur porcelaine; tels sont encore le transport et la vitrification des épreuves photographiques sur et sous couverte. MM. Villeroy et Boch, de Mettlach; M. Grüne, de Berlin; M. Poyart, de Paris, ont présenté à l'Exposition universelle de 1867 des spécimens intéressants et parfaitement réussis de ce procédé, qui nous semble devoir fournir à la décoration céramique un élément nouveau.

§ 5. — Résumé.

Dans le cours de ce Rapport nous avons successivement examiné les conditions de production des diverses manufactures de faïences fines en Europe, comparé les qualités et le prix des produits qu'elles fabriquent ; résumons, en quelques mots, les résultats de cet examen et de ces comparaisons.

Au point de vue commercial, l'Angleterre a conservé la place qu'elle occupe, depuis près d'un siècle, à la tête des nations qui fabriquent cette poterie ; la France seule, bien loin encore derrière elle, commence à exercer cependant sur cette fabrication une influence sérieuse.

Parmi les faïences fines présentées à l'Exposition Universelle, celles de la France occupent le premier rang pour la blancheur du produit, pour le corps de la pâte et la dureté de la couverte ; celles de l'Angleterre n'occupent que la seconde place. Le prix des produits français est d'un tiers au moins inférieur au prix des produits anglais.

Imprimés sous couverte, les uns et les autres semblent posséder les mêmes qualités ; mais les prix anglais sont encore notablement supérieurs à ceux de nos manufactures.

La situation change lorsque l'on considère les faïences plus richement décorées ; l'Angleterre prend alors le premier rang et nous laisse au second.

Quant aux autres nations, elles viennent, quel que soit le produit considéré, se ranger après la France et l'Angleterre.

Dans ces conditions, si nous ne nous trompons, deux voies sont ouvertes à nos fabricants, dans lesquelles il leur faut marcher résolûment : créer pour la consommation intérieure un genre nouveau plus sobre et plus distingué à la fois que la faïence imprimée ordinaire, et digne, par conséquent, de prendre place à la ville, dans les mobiliers les plus élégants ; développer l'excellente fabrication actuelle et en livrer, sans craindre la concurrence, les produits au commerce étranger ; suivre en cela l'exemple de l'Angleterre, dont l'exportation s'est élevée, en dix années, de 25 millions à 41 millions ; tandis que la nôtre n'a jamais dépassé, jusqu'ici, quelques centaines de mille francs.

CHAPITRE II.

FAÏENCES DÉCORATIVES.

L'emploi des terres vernissées et des faïences émaillées, dans la décoration intérieure et extérieure de nos habitations, a pris, depuis quelques années, une extension assez grande pour qu'il soit nécessaire de faire de ces produits une étude spéciale. Cependant la division adoptée pour la classification des objets admis à l'Exposition Universelle de 1867 ne nous permet pas de faire cette étude complète et d'examiner la question dans son ensemble. Toutes les faïences, en effet, destinées à l'ornementation extérieure des habitations, tels que plaques, panneaux, frises, corniches, etc., ainsi que celles destinées au revêtement intérieur des appartements, tels que les carrelages orientaux, espagnols, portugais, etc., ont été considérées comme matériaux de construction et comprises dans la classe 65 (*Matériel du génie civil, des travaux publics et de l'architecture*).

Notre tâche se trouve donc limitée à l'étude des pièces de faïence qui, placées sur les meubles et les étagères de nos appartements, ou artistement posées sur la tenture, contribuent à leur décoration.

Le goût de la faïence est un goût excellent et distingué ; mais il en est peu d'aussi facile à égarer, et il a besoin d'être surveillé sévèrement ; il est peu de branches de l'art décoratif, en effet, où le laid soit plus près du beau, où la convention puisse plus aisément se substituer à la vérité.

Lorsque, il y a vingt ans environ, la faïence et la terre vernissée, délaissées si longtemps, sont revenues en honneur, la préoccupation première des artistes a été la reproduction des œuvres laissées par les maîtres du XVe et du XVIe siècle. Les faïences de Palissy, celles des potiers de Pesaro et d'Urbino, ont été le point de mire de toutes les recherches. Ces recherches ont été couronnées de succès, et bientôt nous avons pu voir, en grand nombre, des imitations heureusement réussies de cette grande époque de la faïence. C'est ainsi qu'il était convenable de procéder : imiter d'abord, créer ensuite. Malheureusement, après avoir exécuté la première partie de ce programme, nos potiers se sont arrêtés ; ils savaient imiter, ils ne créèrent point. Le goût du jour devait, du reste, les encourager dans cette voie fâcheuse ; il les y pousse encore, et il est bien rare de voir aujourd'hui le public, même éclairé, préférer l'œuvre moderne d'un artiste intelligent à quelque surmoulage de Palissy.

Les conséquences de cet état de choses sont faciles à prévoir ; s'il se maintient, la reproduction des faïences anciennes ne tardera pas à devenir une industrie ordinaire, avec ses exigences économiques et pratiques ; confié à des *ouvriers*, habiles sans doute, mais qui devront se préoccuper du *rendement*, le travail perdra son cachet artistique ; formes et décors, au lieu de s'épurer, iront en s'abâtardissant, et le goût public, faussé davantage de jour en jour, conduira à une décadence prochaine, une renaissance que l'on avait saluée avec joie.

Ce n'est point que les éléments nous manquent pour obtenir des résultats tout différents et pour faire de la faïence moderne une des ressources les plus précieuses de l'art décoratif. Dans la revue rapide que nous allons faire des œuvres récompensées au concours de 1867, nous aurons à citer plus d'un artiste de talent, plus d'une œuvre de mérite ; mais combien de fois ne pourrions-nous pas ajouter que, sacrifiant au faux goût du jour, plus d'un, parmi les meilleurs, préfère souvent surmouler ou copier qu'inventer. Puissent les avertissements que, aujourd'hui plus que jamais, adressent à nos potiers tous les amateurs éclairés, les arrêter à temps ! Ce n'est pas à eux de subir les exigences d'un goût égaré, c'est à eux de savoir s'imposer par des œuvres originales.

L'exposition française est, de beaucoup, la plus riche en faïences décoratives ; plus de trente exposants y sont représentés par leurs œuvres ; nous ne citerons que les principaux.

La manufacture impériale de Sèvres n'a exposé que quelques pièces de faïence ; nous espérions davantage ; la magnificence de son exposition de porcelaine dure, la beauté de ses porcelaines tendres, dont nous parlerons bientôt, ne justifient pas une parcimonie qui ressemble presque à une abstention. Il serait fâcheux de voir Sèvres négliger les terres vernissées et les faïences ; il y a là, en effet, mille progrès à accomplir, et pour l'accomplissement desquels l'art a droit de compter sur le personnel de la célèbre manufacture. Dans cette exposition, nous ne trouvons guère à citer qu'un vase ovale, dit vase de Trianon. Ce vase, qui mesure près de 1m50 de hauteur, est moulé d'une seule pièce ; au sommet, des enfants, remarquablement modelés, jouent avec des guirlandes de fleurs ; l'émail en est superbe, et le fond bleu surtout en est admirablement réussi. Quatre vases Bertin, décorés avec beaucoup de goût, par M. Ficquenet ; deux vases Louis XIII à engobe coloré, par M. Optat Milet ; enfin divers plats, imitation de faïences persanes, de Rouen, de Moustier, etc., méritent également de fixer l'attention.

Au premier rang des faïenciers français se présentent, avec des mérites égaux, mais de nature différente, MM. Deck et Collinot ; le premier, plus original sous le rapport artistique ; le second, plus habile et plus sûr comme céramiste.

Les caractères les plus frappants des œuvres exposées par M. Deck sont l'élégance et la nouveauté ; leurs qualités d'art sont parfaites, et, s'il est possible de faire aussi bien, il paraît difficile de faire mieux. Pourquoi faut-il que, quelquefois, la tresaillure des émaux vienne inspirer des inquiétudes sur la conservation des plus belles pièces ? C'est là un défaut grave ; M. Deck le garantit accidentel ; nous le croyons et nous l'espérons surtout ; il serait fâcheux, en effet, de voir périr, au bout de quelques années, des œuvres aussi belles que cette

Sortie de bain, peinte en relief sur fond bleu par M. Ranvier, que ces plats magnifiques où Mme Escalier a peint de si beaux oiseaux bleus, où M. François a modelé un si splendide émouchet. L'effet produit par ces pièces principales, où le sujet, modelé par épaisseurs, s'enlève vigoureusement sur le fond blanc ou coloré de la pièce, est aussi pittoresque que saisissant.

D'autres pièces décorées par le même procédé, d'autres encore, peintes sur biscuit à la façon ordinaire et portant les compositions originales de MM. Legrain, Gluck, Anker, etc., achèvent de donner à l'exposition de M. Deck une valeur exceptionnelle. On y trouve encore d'intéressantes imitations de faïences orientales, et parmi celles-ci des porte-bouquets, dessinés par M. Émile Reiber, dont la pâte, légèrement gravée à la pointe, a été recouverte d'émaux ombrants dans le genre des émaux de Rubelles.

Mais, pour la reproduction des faïences orientales, nul ne le cède à M. Collinot. Moins originale, moins variée surtout que celle de M. Deck, l'exposition de cet artiste n'en frappe pas moins vivement les yeux par son ampleur et son éclat. Elle ne comprend, il est vrai, que des imitations de faïences persanes, vases de grandes et de petites dimensions, panneaux, etc.; mais ces imitations sont traitées avec une force inconnue jusqu'ici. M. Collinot a pour collaborateur M. Adalbert de Beaumont ; les dessins que ce savant touriste a rapportés d'un voyage en Perse sont les types auxquels M. Collinot se réfère et se limite pour la décoration de ses belles poteries. Sur le fond, tantôt blanc, tantôt coloré, M. Collinot sème avec légèreté des fleurs auxquelles il donne, par des épaisseurs successives d'émail, un relief considérable. Un procédé spécial lui permet d'en terminer les contours avec une netteté absolue ; ce procédé consiste à tracer autour de chaque fleur, à l'aide d'une composition cuivrique, une ligne de couleur qui, modifiée au feu, forme autour de celle-ci une alvéole métallique qui retient l'émail et l'empêche de couler sur le fond de la pièce. Nous avons examiné, avec un soin particulier, les faïences de M. Collinot, et nous avons été frappé de la beauté des glaçures, de la netteté des reliefs, aussi bien que de la solidité du biscuit; au point de vue céramique, ce sont des produits de premier ordre.

Il y a beaucoup à louer dans l'exposition de M. Jean, mais il y a aussi à reprendre; au point de vue céramique, les produits de cet artiste ont d'excellentes qualités; bien cuits, bien glacés, ils offrent de grandes garanties de solidité; au point de vue du façonnage, ils sont toujours remarquablement traités; ses cages, et surtout son imitation d'un des quatre violons de Delft, montrent avec quelle dextérité il manie la terre plastique; la forme en est souvent heureuse, et les pièces de grandes dimensions, fontaines, vases à fleurs, etc., que comprend sa collection, méritent d'être mentionnées; mais sous le rapport du décor, son exposition offre les qualités les plus opposées. Tous les genres y sont à peu près représentés, depuis les bas-reliefs imités des Robbia jusqu'à la platerie de Rouen, mais les uns et les autres sont très-inégalement réussis. Ainsi on est surpris de trouver, à côté de ces magnifiques fonds bleus que M. Jean emploie avec tant de succès, à côté de ses aiguières italiennes si bien réussies, des dessins aussi maigres et aussi froids que ceux dont il a décoré son violon, ses aquariums, etc. Ce sont là des erreurs; M. Jean est un chercheur habile, un artiste consciencieux, et il suffit de les lui signaler pour être sûr de les lui voir éviter.

MM. Soupireau-Fournier ont une exposition restreinte, mais intéressante; un grand nombre de leurs œuvres semblent inspirées des belles pièces à fond bleu de M. Jean; de grands vases, une pendule Louis XIV bien réussie, des cadres bien dressés et bien émaillés, telles sont les pièces les plus remarquables de MM. Soupireau-Fournier. Une collection de carreaux a été en outre exposée par eux pour montrer l'ensemble de leur palette; on y voit notamment un rouge-brun d'un bel éclat.

M. Longuet est un dessinateur habile et compte parmi les artistes doués d'originalité de qui dépend l'avenir de la faïencerie française. Son exposition n'indique aucune prédilection pour l'imitation des œuvres de telle ou telle époque; un grand nombre de pièces y sont d'un goût franchement nouveau. Telle est, par exemple, une jolie jardinière Renaissance, de M. Régnier, et dont les bas-reliefs, couverts d'un bel émail blanc, ont leurs contours noyés dans un émail bleu ciel. Tels sont ces plats décoratifs sur lesquels M. Laurens a esquissé d'un simple trait, rehaussé de quelques touches de couleur, des scènes allégoriques. Dans le genre imitation on doit remarquer chez M. Longuet de jolies assiettes japonaises portant des oiseaux aux riches couleurs, et quelques pièces à grands ornements dans le style de Castel-Durante.

M. Laurin, qui possède à Bourg-la-Reine une fabrique de terres vernissées et de faïences communes, a exposé quelques pièces peintes : vases divers, buires, plats, soucoupes, etc., décorées dans le genre des anciennes majoliques; ces pièces se recommandent en général par l'originalité des motifs et par une bonne exécution.

L'imitation des belles faïences dites de Henri II est un des problèmes qui, depuis la renaissance de la faïencerie, préoccupent le plus les artistes. L'Exposition de 1867 renferme plusieurs spécimens de ces reproductions, les unes en terre vernissée, comme chez MM. Avisseau et Pull, les autres en porcelaine, parmi les produits de la fabrique de Gustafberg (Suède); mais ces reproductions, dont la décoration principale est due au pinceau n'ont qu'un intérêt secondaire. Il n'en est pas de même d'une délicieuse petite salière exposée chez MM. Minton, dont la décoration est tout entière obtenue par incrustation et qu'on peut regarder comme une imitation parfaite des anciennes poteries d'Oiron.

La reproduction des Palissy est devenue depuis quelques années une véritable industrie; l'exposition actuelle compte au moins trois imitateurs des œuvres du célèbre potier. Parmi ces exposants, M. Avisseau, de Tours, nous arrêtera le premier; son exposition ne compte que quatre ou cinq pièces, mais ces pièces sont dignes de grands éloges. Le moulage de l'énorme poisson que porte l'un de ses plats est une merveille de précision; les couleurs en sont heureusement choisies, et l'on ne peut reprocher à cette pièce qu'une fâcheuse maigreur de glaçure. Un autre grand plat couvert de reptiles, d'une parfaite exécution également, mais couverte d'un vernis beaucoup plus gras; un troisième, cuit simplement en biscuit et montrant la finesse de la terre, quelques reproductions de fleurs, complètent la petite, mais remarquable exposition de M. Avisseau.

M. Pull consacre, depuis plusieurs années, de consciencieux efforts à l'imitation et au surmoulage des anciennes terres vernissées et émaillées. Ses produits sont recherchés du public; mais nous ne pouvons nous empêcher de regretter que cet artiste applique, d'une façon aussi exclusive, ses connaissances pratiques et son talent à des reproductions serviles dont les qualités ne sauraient jamais être mises en parallèle avec celles des originaux. M. Pull, nous n'en doutons pas, rendrait à l'art et au goût des belles choses de bien plus grands services, s'il cessait de copier pour aborder la création d'œuvres originales et nouvelles.

Les produits de M. Barbizet sont généralement bons, sous le rapport céramique; mais la composition de ses faïences, genre Palissy, laisse malheureusement toujours à désirer sous le rapport artistique.

M. Signoret, de Nevers, poursuit avec succès la fabrication de faïences semblables à celles qui, au XVIIe siècle, faisaient la gloire des potiers nivernais; son exposition renferme plusieurs pièces traitées avec soin, dont une très-grande fontaine, reproduction bien réussie.

M. Ulysse, conservateur du musée de Blois, a les allures d'un artiste consciencieux et chercheur; des pièces de genres très-différents figurent dans son exposition; mais toutes, depuis sa belle aiguière italienne jusqu'à ses consoles en vieux Rouen, portent l'empreinte d'un travail excellent.

MM. Genlis et Rudhart ont pour spécialité l'imitation du vieux Rouen ; ils l'appliquent avec un grand succès aux corps de lampes, potiches, cache-pots, etc., qui ont une si grande importance dans le mobilier moderne. Quelques plats, genre Urbino de la dernière période, méritent d'être remarqués.

La manufacture de Gien a fait également du Rouen polychrome et du Moustier une très-large application aux faïences d'appartement. Les garnitures de cheminée, les pots à fleurs, etc., exposés par cette manufacture, sont décorés dans un style très-franc, parfaitement réussis et dignes de tous points de fixer, comme ils l'ont fait, l'attention des amateurs.

La manufacture de Sarreguemines, si puissante sous le rapport industriel, exerce depuis quelques années une influence sérieuse sur la décoration, non plus des faïences communes, mais des faïences fines. Ce ne sont point les pièces exceptionnelles qu'elle recherche ; son but, et elle y parvient heureusement, est de faire pénétrer dans l'ornementation habituelle de l'appartement quelques pièces, telles que jardinières, cache-pots, vases pour cheminées, etc., d'un prix peu élevé, mais portant cependant un cachet réellement artistique. On a pu voir, parmi les produits que cette manufacture a exposés, à côté des imitations de porphyre dont elle a depuis soixante ans le monopole, à côté de magnifiques vases de luxe, peints par M. Langlois, de Sèvres, et par M. Sabaurin, des décorations originales, paysages monochromes au premier plan, teintés dans les lointains, dont les prix, malgré la signature d'artistes tels que M. Langlois, sont abordables même pour les bourses modestes.

Les manufactures de Creil et de Montereau, ont exposé également quelques pièces intéressantes à ce point de vue.

L'exposition de M. de Boissimon dont la fabrique est située à Langeais, près Tours, comprend un assez grand nombre de vases de toutes dimensions, décorés souvent avec originalité ; mais, parmi ces produits, ceux qui nous paraissent les plus dignes d'être remarqués, ce sont les faïences de jardin, siéges, colonnes, etc., traités dans le style inauguré par M. Minton, et que M. de Boissimon exécute très-bien.

Il ne faut pas oublier, dans cette nomenclature des faïences décoratives françaises, les peintures sur émail cru de MM. Bouquet et Pinard; les difficultés que présente ce genre de décoration sont excessives; c'est en effet sur l'émail pulvérulent dont le biscuit a été recouvert, que l'artiste doit poser la couleur liquide qu'il emploie. Incorporées par cette opération à l'émail lui-même, les couleurs acquièrent ensuite au feu une grande profondeur. Les peintures obtenues de cette façon par M. Bouquet sont d'un grand effet; celles de M. Pinart, et surtout ses camaïeux bleus, sont finies avec beaucoup de soin.

L'étude des faïences décoratives de l'Angleterre ne pouvait manquer de présenter à l'Exposition de 1867 un grand intérêt; on se rappelle, en effet, avec quel éclat ces produits céramiques avaient figuré à l'Exposition de 1855, et de quel étonnement ils avaient, à cette époque, frappé le monde entier.

M. Minton était alors l'initiateur des grands progrès que venait d'accomplir la céramique anglaise; nous le retrouvons aujourd'hui, non plus en personne, mais dans celle de ses successeurs. Les produits sont toujours les mêmes, aussi beaux, aussi grands, aussi bien réussis; les faïences de jardin surtout méritent aujourd'hui, comme il y a douze ans, les plus grands éloges, et l'on ne peut voir, sans être frappé de leurs mérites, ces grands vases à fond bleu de roi, à anses à reliefs, ces coquilles marines de dimensions colossales, dont MM. Minton et Cie ont orné, dans le parc et dans le palais, la section anglaise; il serait superflu de parler de ces siéges à pieds élégamment contournés, de ces fauteuils en faïence, incommodes sans doute, mais que la mode a adoptés, et que tout le monde connaît. A côté de ces produits, MM. Minton en exposent d'autres non moins intéressants; tout le monde a admiré leurs statues d'esclaves nègres de grandeur naturelle, les deux belles tables en faïence blanche, sur lesquelles l'artiste a peint, d'un côté, des moutons dans la neige, de l'autre, des vaches au ruisseau ; la grande aiguière italienne sur laquelle on retrouve l'emploi heureux du crayonnage, etc. Cependant il est une ombre à ce tableau. Les faïences décoratives de MM. Minton ont eu jusqu'à ce jour un grand caractère de simplicité. On n'y trouve pas habituellement cette recherche prétentieuse qui, trop souvent, est le fait de l'art anglais; aussi avons-nous été étonné de voir dans l'exposition actuelle quelques pièces entachées de ce défaut. Que MM. Minton fixent leur attention sur les pièces dont nous parlons, notamment sur ces grands vases dont les anses sont formées par des guerriers enchaînés, et ils s'apercevront bien vite que, à côté de la voie où ils ont jusqu'ici trouvé le succès le plus mérité, on cherche à leur en ouvrir une autre qui les conduirait certainement à une déchéance.

L'exposition de M. Copeland est, à côté de celle de MM. Minton, pauvre en faïences décoratives; tout au plus avons-nous à y signaler quelques beaux panneaux, de grands vases de jardins et des cache-pots à reliefs moulés.

Indépendamment des grès et des terres noires qui ont conquis au nom de Wedgwood une célébrité européenne, la manufacture d'Etruria a exposé des faïences décoratives d'une grande valeur; on y trouve quelques pièces de larges dimensions, notamment des vases à fond bleu de roi fort bien réussis, quelques poteries de jardin, etc. ; mais c'est ailleurs, c'est sur l'exposition de M. Lessore, que l'intérêt se porte principalement. Ce sont des sujets faciles, tantôt modernes, tantôt mythologiques, traités légèrement et avec quelques touches de couleur, sur des vases de dimension moyenne, en *cream-colour*. L'ensemble de ces peintures est excellent; l'opposition du trait, de la couleur et de la teinte crémeuse de la pâte, y produit des effets charmants.

Il ne nous reste plus guère à parler que de la manufacture de Doccia et des travaux du marquis Ginori ; nous le ferons en peu de mots; aussi bien ces travaux sont-ils connus de tous, depuis le succès qu'ils ont valu à leur auteur en 1855. Aidé de M. Freppa, de M. Giusti, de chimistes et d'artistes distingués, le marquis Ginori a retrouvé la composition des pâtes, des émaux, des couleurs, des anciens potiers de Pesaro et d'Urbino. Son exposition actuelle, sans révéler aucune innovation, le maintient au rang élevé où il s'était placé en 1855; on y retrouve, comme alors, de grandes aiguières, de belles vasques trilobées, des coupes à piédouches, des vases de toutes sortes, décorés habituellement dans le style d'Urbino, auquel on donne le nom de genre Raphaël. Toutes ces pièces sont élégamment façonnées, bien glacées et peintes sur émail avec soin; quelques-unes montrent que M. le marquis Ginori sait tirer un heureux parti du lustre des anciennes majoliques qu'il avait retrouvé déjà en 1855.

M. Devers, dont les produits figurent dans la section italienne, a exposé quelques belles faïences émaillées, entre autres son grand tableau des Anges gardiens, qui avait déjà figuré à l'Exposition de 1855; mais la plupart de ses faïences sont destinées à l'ornementation extérieure des habitations, et relèvent par conséquent de la classe 65, et non de la classe 17.

N'oublions pas de citer deux artistes belges très-recommandables : MM. Demol père et fils, dont les jolies peintures sur faïence, dans le style italien, sont dignes d'éloges et ont d'ailleurs été de la part du Jury l'objet d'une distinction méritée.

Il ne nous reste plus qu'à mentionner rapidement les quelques faïences décoratives dont les manufactures de Gustafberg et de Rörstrand ont accompagné, l'une ses élégants vases en parian, l'autre, ses beaux services de table; celles que MM. Pickman et Cie de Séville ont fait figurer dans la collection de leurs poteries, et parmi lesquelles on remarque deux vases Alhambra très-soignés et très-bien réussis; celles que nous a envoyés le Portugal, ce pays si éminemment céramiste et où depuis longtemps vit et prospère l'application de la faïence émaillée à la décoration extérieure des habitations.

Ajoutons enfin que les peuples de l'Orient, la Turquie, la Tunisie, le Maroc notamment, en apportant à l'Exposition universelle la collection de leurs poteries nationales, dont l'originalité est souvent si puissante, ont rendu à nos artistes un service éminent dont ceux-ci sauront profiter, à coup sûr, en allant chercher à ces sources primitives des inspirations nouvelles.

CHAPITRE III.

PORCELAINES TENDRES.

On connaît deux sortes de porcelaine tendre, toutes deux à pâte translucide et à vernis transparent, toutes deux se distinguant de la porcelaine dure par la facilité avec laquelle elles se déforment et se vitrifient au grand feu. L'une est la porcelaine tendre française, découverte dans les dernières années du XVIIe siècle, alors que les potiers de la France cherchaient à lutter contre l'importation des porcelaines chinoises. Cette belle matière diffère essentiellement par sa composition des autres produits céramiques ; c'est un verre demi-fondu plutôt qu'une poterie ; la translucidité profonde de la pâte, la beauté des glaçures qu'elle peut recevoir en font un précieux subjectile pour les décorations les plus fines et les plus élégantes. C'est là du reste son emploi, et elle ne peut compter comme porcelaine d'usage. Elle a fait longtemps la gloire de la manufacture de Sèvres, et les charmants spécimens que nous en ont laissés les règnes de Louis XV et de Louis XVI ont aujourd'hui un prix inestimable. Délaissée pendant de longues années pour la fabrication exclusive de la porcelaine dure, elle est revenue en honneur de nos jours, et fournit entre les mains de nos artistes, des œuvres qui ne le cèdent en rien au vieux Sèvres.

La fabrication de la porcelaine tendre française est la plus difficile qu'offre la céramique ; la pâte est sèche et courte ; la matière est aisément fusible et se déforme au feu. L'emploi d'ailleurs en est extrêmement limité ; aussi ne doit-on guère s'attendre à voir cette poterie faire l'objet d'une fabrication développée. Trois manufactures, celles de MM. Boch frères et de MM. Péterinck, à Tournai (Belgique) ; celle de M. de Bettignies, à Saint-Amand-les-Eaux (France), sont, en dehors de la Manufacture impériale de Sèvres, les seuls lieux de production de la porcelaine tendre française. Des deux manufactures de Tournai, celle de MM. Boch frères a seule exposé ; on n'y fait que du blanc, et les échantillons envoyés à l'Exposition sont satisfaisants. Quelques pièces gauchies auraient dû, il est vrai, être mises au rebut ; mais certaines autres, et notamment des assiettes plates pour dessert, sont particulièrement remarquables sous le rapport du façonnage. La manufacture de Saint-Amand-les-Eaux n'a point exposé ; mais nous trouvons chez deux des plus habiles décorateurs de Paris, MM. Machereau et Levy, des pièces sorties des ateliers de M. de Bettignies et qui témoignent de l'excellence de sa fabrication. Ces pièces sont décorées avec goût ; chez M. Machereau surtout nous avons remarqué quelques formes nouvelles, ainsi que des fonds rubis et turquoise d'une bonne réussite.

C'est dans la belle collection céramique de la Manufacture impériale de Sèvres qu'il faut chercher la véritable exposition de la porcelaine tendre française. Le plus souvent, il est vrai, les formes restent celles du vieux Sèvres, mais chaque pièce est, comme pâte, comme vernis, comme décor, d'une exécution parfaite. Les beaux vases forme Pâris, les uns en fond bleu de roi, les autres en fond turquoise, le dernier en fond blanc couvert d'un treillage d'or en relief et bruni à l'effet, sur lesquels M. van Marck a peint des scènes d'animaux imitées de Troyon ; les vases de même forme, sur le fond blanc desquels M. Froment a peint en camaïeu violet les Quatre Saisons ; les vases charmants décorés par le pinceau de M. Abel Schilt ; les vases feuilles d'eau, les jardinières, les vases cyprès, de Mme Faraguet, de M. Roussel, de Mme Apoil, de M. Trager, que nous citons au hasard, doivent être mis au nombre de ces merveilles céramiques auxquelles Sèvres nous a depuis si longtemps habitués.

Mais ce qui donne à l'exposition de porcelaine tendre de la Manufacture impériale de Sèvres un attrait particulier, c'est la présence de spécimens d'un procédé nouveau de décoration dû à l'un des artistes de cette manufacture, M. Goddé. Ce procédé consiste dans l'emploi d'émaux colorés, rapportés en barbotine, et posés au pinceau sur le fond de la pièce; c'est un travail qui offre une grande analogie avec celui dont M. Gely obtient sur pâte dure de si excellents effets; seulement, tandis que celui-ci recherche la transparence, M. Goddé cherche à couvrir la pâte sous un émail opaque. De grands vases forme Pâris, dont les dessins orientaux sont dus à M. Renard; d'autres vases forme bouteille, couverts de dessins persans; d'autres surtout où la pâte est rapportée sous la forme d'un réseau vermiculé, quelquefois blanc, quelquefois coloré, montrent quelles ressources nouvelles le procédé de M. Goddé peut fournir à la décoration de la porcelaine tendre française.

La porcelaine tendre anglaise participe des qualités de la porcelaine tendre française, sans posséder cependant au même degré l'aspect séduisant de cette poterie; mais elle n'en a ni la composition, ni, par suite, les inconvénients. La pâte en est assez plastique et se façonne aisément; en outre, elle supporte sans se déformer un feu beaucoup plus fort que la porcelaine française ou frittée. Aussi, ne faut-il pas s'étonner de voir jouer à cette poterie un double rôle, de la retrouver chez les grands fabricants, tels que MM. Minton et Copeland sous la forme de vases magnifiquement décorés et de services d'une grande richesse, chez les petits industriels dont est remplie la ville de Longton, dans le district des *Potteries*, sous la forme de services à thé et à dessert destinés aux tables les plus modestes.

Considérée sous le rapport de la composition, cette poterie est une sorte de faïence fine à laquelle l'addition de 40 centièmes d'os calcinés ou phosphate de chaux a donné la propriété de subir au feu une sorte de demi-vitrification analogue à celle de la porcelaine dure, et qui, rapprochant fortement les parties dont la pâte est formée, lui donne à la fois la cohérence et la translucidité.

L'Angleterre a jusqu'ici conservé le monopole de cette fabrication ; on estime que la porcelaine tendre figure pour un dixième dans la production totale du Strafordshire, et représente par conséquent une somme annuelle de 6 millions environ. En dehors de l'Angleterre, une seule manufacture, celle de Sarreguemines, en France, poursuit aujourd'hui la fabrication de cette poterie.

C'est surtout au point de vue de la décoration riche que l'Exposition actuelle nous forcera de nous placer pour l'étude des porcelaines tendres anglaies. MM. Minton et Copeland, en effet, en représentent seuls la fabrication, et chez ces fabricants célèbres il serait superflu de chercher les produits courants à bon marché que fabriquent, par masses, les potiers de Longton. Nous regrettons vivement qu'il en soit ainsi ; il eût été intéressant, en effet, de comparer ces produits à ceux que livre au commerce français la manufacture de Sarreguemines.

L'exposition de porcelaines tendres de M. Copeland peut être considérée comme l'un des spécimens les plus frappants du luxe anglais. La richesse en est exagérée, et l'artiste, avec moins d'or et de couleurs, arriverait à coup sûr à des effets aussi satisfaisants, si même ils ne l'étaient davantage.

La pièce capitale de cette exposition est le grand service de dessert exécuté pour S. A. R. le prince de Galles. Les pièces de platerie sont en porcelaine tendre, à bords découpés à jour et chargés d'or en relief bruni à l'effet. Les surtouts et les paniers à fruits sont en porcelaine décorée dans le même style, et supportés par des statues assises, en parian non verni.

Auprès de ce service, d'une richesse exceptionnelle, il faut signaler des vases de forme ovoïde accompagnés d'une jardinière d'un dessin mouvementé, peints en grosses fleurs sur fond blanc, par M. Hurten; d'autres vases, forme antique, dont l'un ne mesure pas moins de 1^m 50 de hauteur, décorés dans le même style et avec le même succès par cet habile peintre de fleurs ; enfin une longue série d'aiguières, de buires, de services à dessert, décorés avec un grand luxe. L'emploi de la méthode par coulage donne chez M. Copeland d'excellents résultats, et les tasses à café minces et légères qu'il obtient ainsi peuvent marcher de pair avec les coquilles d'œuf de Sèvres. N'oublions pas, en terminant, les *china jewellery* ou *porcelaines bijoux*, dont cette manufacture a longtemps gardé le monopole, mais que nous fabriquons également aujourd'hui en pâte dure.

L'exposition de MM. Minton est moins luxueuse peut-être que celle de M. Copeland, mais elle a plus de cachet artistique; les pièces y sont moins chargées de dorures, moins ornées, mais elles témoignent d'une plus grande recherche, d'une étude plus savante de la décoration ; elle renferme également des vases de grandes dimensions ; quelques-uns mesurent plus d'un mètre de hauteur. Tous, en fond généralement bleu de roi, sont décorés, sur la panse, de peintures exécutées avec talent et parfaitement glacées. Le plus grand de ces vases, peint par M. Jahn, sur fond turquoise, d'après Watteau, est surtout digne d'attention. Un autre de même grandeur porte un fond vert d'une intensité et d'un éclat remarquables. Quelques-uns sont en fonds roses très-heureusement traités.

Mais ce qui enlève à cette belle fabrication une partie de son mérite c'est l'absence complète d'originalité dans les formes; toutes ces formes, en effet, sont copiées sur notre vieux Sèvres, et reproduisent exactement les vases Louis XVI et principalement les vases cyprès et les vases à anses annelées de la Manufacture impériale.

Les services à dessert de MM. Minton, sans être aussi luxueux que ceux de M. Copeland, sont cependant encore richement ornés ; presque toujours les bords des pièces sont découpés à jour, ce qui donne à l'ensemble de la légèreté et de l'élégance à la fois.

Des services à thé et à café, revêtus de peintures très-soignées ; des vases de forme persane décorés de fleurs qu'entoure un filet d'or imitant les émaux cloisonnés, etc., complètent l'exposition de porcelaines tendres de MM. Minton et en font une collection céramique très-remarquable.

Les produits exposés par la manufacture de Sarreguemines sont bien modestes à côté de ces splendeurs ; leurs similaires ne figurent pas dans la section anglaise, et il nous faut les juger sans point de comparaison. L'exécution en est bonne, et les prix en sont bas ; ces produits consistent essentiellement en services de dessert, services à café, à thé, etc. Quelques-uns de ces services sont décorés dans le genre que les Anglais ont imité des Chinois ; d'autres portent de simples filets. Ceux-ci sont pour nous les plus intéressants, car dans ce cas, le décor laisse voir la pâte même de la pièce sur laquelle il est appliqué, et sa présence est un sûr garant de la qualité du produit.

Seule, en France, la manufacture de Sarreguemines poursuit en ce moment la fabrication de la porcelaine tendre anglaise. La production en est, du reste, très-limitée ; à peine atteint-elle chaque année une somme de 100,000 francs. Il serait intéressant, nous le croyons du moins, de voir cette fabrication se développer dans notre pays. D'une part, en effet, l'emploi de la porcelaine tendre pour services de dessert, tête-à-tête, services à thé, etc., apporterait dans la composition de notre mobilier une heureuse variété ; d'une autre, l'exportation de ce produit, dont l'Angleterre seule approvisionne le marché étranger, ne pourrait manquer d'offrir à notre commerce et à notre navigation un précieux aliment.

Paris. — Imp. Paul Dupont, rue de Grenelle-Saint-Honoré, 45.

www.ingramcontent.com/pod-product-compliance
Ingram Content Group UK Ltd.
Pitfield, Milton Keynes, MK11 3LW, UK
UKHW021818190726
13853UKWH00003B/1046